Kennen Sie Schwäbisch Afrika?

Arthur Benseler

Kennen Sie Schwäbisch Afrika?

Schwätzle und Spätzle bei Landsleuten im Schwarzen Erdteil

Bleicher Verlag

Wir wollen immer alles anders haben,
und wenn wir's anders haben,
wollen wir es wieder wie vorher haben –
wenn wir daheim sind,
wollen wir nach draußen,
aber wer draußen ist,
hört nie auf,
wieder heim zu wollen.

Gewidmet

allen Freunden und Landsleuten in Afrika,
auch wenn sie nichtschwäbischer Zunge sind

CIP-Kurztitelaufnahme der Deutschen Bibliothek

Benseler, Arthur
Kennen Sie Schwäbisch Afrika? : Schwätzle u. Spätzle bei Landsleuten im schwarzen Erdteil. –
1. Aufl., 1.–5. Tsd. – Gerlingen : Bleicher, 1977.
ISBN 3-921097-15-0

1. Auflage, 1.–5. Tausend
Schutzumschlag: Rainer Abel (Bleicher Verlag)
Bildnachweis: Alle Fotos vom Verfasser, ausgenommen Seite 101: Bosch, Johannesburg, und Seite 102: Danzer, Reutlingen; Bild des Verfassers (Schutzumschlag): H.-J. Klapka, Freiberg a. N.
Satz und Druck: Maisch + Queck, 7016 Gerlingen
Bindearbeiten: Carl Dieringer, 7000 Stuttgart

ISBN 3-921097-15-0

Anstelle eines Vorworts:

Schwäbisch Afrika

Jeder kennt Schwäbisch Hall und Schwäbisch Gmünd. Von Schwäbisch Afrika hat aber vermutlich noch niemand gehört, denn immer ist bloß von Schwaben in Amerika die Rede. Deshalb ist es höchste Zeit, einmal schwarz auf weiß, oder besser schwarz auf schwäbisch wenigstens exemplarisch festzuhalten, daß in Afrika, wie in allen Erdteilen, nicht nur fremde Eroberer, sondern auch friedliche schwäbische Schaffer ihre Spuren hinterlassen und manches Fleckchen Busch und Urwald schwäbisch geprägt haben. Höchste Zeit auch deshalb, weil die Tage dieser seltsamen schwäbischen Welt gezählt sind.

Gewiß, Schwäbisch Afrika ist auf keiner Landkarte verzeichnet und hat auch keinen Sitz in der UNO, aber existent ist es doch. Es isch bloß net an oim Schtück, sondern gewissermaßen ein über ganz Afrika verstreutes Archipel von tausend schwäbischen Inselchen im Meer der fremden „schwarzen" Welt. Sie beginnen oben in der Medina von Rabat und enden ganz unten am Kap der Guten Hoffnung. Keinesfalls kann Schwäbisch Afrika mit einer Kolonie im üblichen, gar bösen Sinn verglichen werden, vielmehr ist es der Ausdruck der ebenso stillen wie hartnäckigen und segensreichen Verbreitung schwäbischer Spätzleskultur überall auf dem Schwarzen Kontinent, wohin sich Schwaben verirrt haben. Und wohin hat es die Ober- und Unterländer, die Älbler und Schwarzwälder nicht verschlagen?

Am 22. Juni 1970 vernehmen die verwunderten Hörer des Südfunks Stuttgart innerhalb einer Sendung über afrikanische Musik folgenden rätselhaften Satz: „Also gell, Sabalu, jetzt leva endlich este viola uff d'Seit' ond traze este reste Maultasche na cozinha, aber heit no!" Sicher hielten die Hörer dieses Kauderwelsch für einen netten, gut erfundenen Einfall des Autors der Sendung. Aber dem war nicht so. Es handelte sich im Gegenteil um eine Probe von einer Original-Tonbandaufnahme aus dem Busch von Angola.

Solch originelle Szenen sind zwischen Kairo und Kapstadt beileibe keine Seltenheit. Wenn Sie in Afrika irgendwohin kommen, wo Ihrer begründeten Überzeugung nach totsicher noch niemals ein Weißer seinen Fuß hingesetzt hat, dann haben Sie sich meist verkalkuliert. Ähnlich wie weiland der Böblinger in Columbus'

Mannschaft bei der Entdeckung Amerikas müssen Sie damit rechnen, daß selbst an den unmöglichsten Stellen schon einer aus Sindelfingen seine Rettiche zieht . . .
Schwäbisch Afrika wurde also niemals gegründet, es war halt da, seit ein Schwabe aus dem von Herzog Karl-Eugen nach Südafrika verkauften Württembergischen Kapregiment in Kapstadt ein Wirtschäftle „Zur Württembergischen Flagge" betrieb, seit der Gerlinger Missionar Johannes Rebmann 1848 als erster Weißer unter dem Äquator den schneebedeckten Kilimandscharo sah, seit der Sigmaringer Arzt Theodor Bilharz als Gesundheitsbeamter in Ägypten arbeitete und dabei den Erreger der nach ihm benannten Bilharziose entdeckte, seit der Remstäler Karl Mauch Simbabwe wiederfand und außerdem mit schwäbischer Gründlichkeit erstmals das Lamellophon, ein urafrikanisches Musikinstrument, beschrieb.
Von den schwäbischen Spuren in der älteren Vergangenheit Afrikas wird freilich hier nur am Rande die Rede sein. Damit sollen sich die Historiker befassen. Was in den folgenden Kapiteln aufgeschrieben wurde, sind Gschichtle und Schwätzle von und mit schwäbischen Landsleuten im Afrika der Gegenwart, heitere und ernste Stimmungsbilder, erlebt seit 1957 auf mehreren Reisen und aus der Erinnerung aufgeschrieben zuhause am Neckar.

Freiberg am Neckar, im Frühjahr 1977

PS: Der Ruhm, die Idee zu diesem Buch mit den schwäbischen Schwätzle aus Afrika gehabt zu haben, gebührt einem von Afrika völlig Unberührten, nämlich dem Stuttgarter Pressefotografen Kurt Eppler. Hoffentlich ist er nun zufrieden, denn geschrieben fallen sie halt doch a bißle anders aus als gschwätzt.

Der schwäbische Urdrang oder Greenhorn zum Nashorn

Daß es ein schwäbischer Urdrang ist, in die Ferne zu schweifen (und möglichst dabei zu „schaffen", weil Müßiggang das zweitgrößte schwäbische Laster nach Verschwendung darstellt), ist zur Genüge bekannt. Der Verfasser muß sich selbst als lebenden Beweis für diesen Wandertrieb ansehen. So ist es nicht weiter verwunderlich, daß er eines Tages – nach tausend Jahren des Eingesperrtseins – beschloß, nach Afrika zu reisen.

Daß es gerade Afrika war, hatte mancherlei Gründe, sogar berufliche, vor allem aber schwäbische wie die Sparsamkeit. Afrika war von allen Erdteilen vom Nekkar aus am leichtesten und billigsten per Auto zu erreichen. Außerdem verhieß Afrika 1957 noch weithin Unerschlossenheit, das heißt einfaches und somit billiges Leben.

Afrika hat nicht enttäuscht, im Gegenteil, es hat fasziniert und war dazu noch in der Tat billig. Und was ganz unerwartet war: wir – allein in Afrika zu reisen, ist nicht das Wahre – haben sogar noch etwas entdeckt, nämlich Schwäbisch Afrika. Das merkten wir zwar erst später, obwohl wir die erste diesbezügliche Überraschung schon bei der Überfahrt von Algeciras nach Ceuta erlebten.

Damals wimmelte es am Mittelmeer noch nicht von Deutschen, es reiste noch nicht die halbe Nation mit Neckermann nach Afrika und es flog nicht halb Stuttgart mit Hetzel nach Tunesien in Urlaub. Ja, es war sogar gefährlich, den Fuß auf nordafrikanischen Boden zu setzen, denn noch war in Algerien der Freiheitskampf gegen die Franzosen nicht zu Ende, und in anderen arabischen Ländern war die Zeit der Unterdrückung noch so frisch in der Erinnerung, daß die Gefühle für Europäer nicht unbedingt in liebevollen Umarmungen zum Ausdruck kamen.

Unsere Stimmung war daher nicht gerade von fröhlicher Erwartung gekennzeichnet, als die Autofähre Algeciras verließ und auf Afrika zusteuerte. Um 22 Uhr machte der schwarze Erdteil seinem Namen alle Ehre. Wir standen an der Reling und starrten in die Nacht hinaus, die den Eindruck des Ungewissen, Drohenden, Unheimlichen noch verstärkte. Jetzt zeigte sich wieder etwas Urschwäbisches: wir gerieten ins Sinnieren. Warum waren wir eigentlich hier? Was sollte diese ganze

Mammutreise bis Kapstadt (die uns übrigens damals kein Mensch glaubte)? Warum waren wir nicht im gemütlichen Neckartal geblieben, sondern setzten uns freiweillig Strapazen und Gefahren aus? Ja, so ist das oft mit den Schwaben, erst große Pläne, dann das große Zögern. Fing das große Heimweh jetzt schon an, ehe wir überhaupt den entscheidenden Schritt nach Afrika hinein taten? Sollten wir nicht besser wieder umkehren?

Aber die Merkmale des Urschwäbischen sind damit keineswegs erschöpft. Ein anderes erwachte jetzt: der Dickkopf. Umdrehen? Nein, das kam überhaupt nicht in Frage. Wir durften nur an die feixenden Gesichter zuhause denken, wenn wir reumütig zurückkehrten, dann war alles klar. Wir hatten ja noch manches liebe Abschiedswort in den Ohren: „Ihr sen jô en sechs Woche doch wieder dô" – „Wia kann mr au so en dr Weltgschichte romfahre, en der Zeit könnt' mr jô Tausende von Mark verdiene!" – „Die hen jô en Vogel, mit einem VWle nach Kapschtadt welle" – „Was wellet denn die Bachel mit em Auto en Afrika, dort gibt's jô gar koine Schtrôße" – noch Schlimmeres, von Menschenfressern und so, lassen wir lieber weg. Daß es dort sogar Schwaben gab, tat man mit der Bemerkung ab, „jô, en dr Einbildung" oder „au so Schpenner!"

Freilich gab es beim Abschied auch echte Besorgnis, die in dem Ausspruch gipfelte: „Die kommet doch nie wieder lebend zrück", von anderer Seite allwissend ergänzt „mindeschtens net mit em Auto!"

Gerade als bei den Gedanken an die besorgt Zurückgelassenen die Stimmung ihren Tiefstwert erreicht hatte, sprach uns plötzlich von hinten eine Stimme auf Schwäbisch an, einem Schwäbisch allerdings, das uns einen Stich gab, weil es sich mehr nach Torero anhörte. Die Stimme gehörte Angelo Perez, einem spanischen Soldaten, der in Stuttgart verheiratet war und gerade seinen Militärdienst ableistete. Gewiß, heutzutage wäre dies nichts Außergewöhnliches mehr, aber damals – zumindest vorübergehend fühlten wir uns wieder wie in Abrahams Schoß, dank ein paar Worten Schwäbisch im rechten Moment.

Die Fähre ließ sich jedoch dadurch nicht abhalten, in Ceuta anzulegen und uns auf afrikanischen Boden zu setzen. Da standen wir nun, kurz vor Mitternacht, klein und hilflos, auf spanischem Territorium zwar, aber schon in echt arabischer Welt. Enge, finstere Gassen, dunkle Gestalten, nicht wissend wohin, kein Mensch schien Französisch oder Englisch zu verstehen, von Hunger und Durst geplagt – das war der wenigversprechende Empfang Afrikas. Wir fühlten uns grenzenlos verlassen, merkten aber auf einmal, daß gar nichts grenzenlos ist. Wir waren erst umherirrend, dann einfach aufs Geratewohl weitergefahren und standen unerwartet vor der marokkanischen Grenze. Die spanischen Grenzformalitäten waren schnell erledigt. Bei den Marokkanern saßen wir erst einmal eine halbe Stunde in einem kahlen, nur von einer trüben Funzel erleuchteten Raum. Polternde und grimmig dreinschauende Zöllner und Polizisten liefen hin und her. Lange nach Mitternacht erklärte man uns endlich, man wolle uns noch in der Nacht einreisen lassen. „Passports!", schrie uns einer unverschämt an, und ängstlich reichten wir die Pässe hin. Was dann geschah, ist kaum zu beschreiben. Sowie er die beiden grünen Dokumente in der Hand hielt, hellte sich seine Mine zusehends auf und schließlich klopfte er uns mit den Worten auf die Schulter: „Du gut, Du Freund, ich Ludwigsburg erobert, ha no!"

Wir waren sprachlos und wieder erleichtert. Vielleicht war alles nur halb so wild. Wenn es so weiterging, daß wir uns alle paar Kilometer auf Schwäbisch unterhalten konnten, was sollte uns dann eigentlich passieren? Und es ging so weiter. Was auf dieser ersten und den späteren Reisen in Afrika an schwäbischen Begegnungen folgte, wird mancher als „Schprichklopferei" auffassen. Doch alles ist schlicht und einfach wahr.

Von Schwabe zu Schwabe in die Wüste

Des isch nadierlich e bißle ibertriebe, aber wenn man ein Auge zudrückt, stimmt's doch. Es muß nämlich absolut keine Fata Morgana sein, wenn in der Sahara aus einem Beduinenzelt eine Mutterstimme hinter ihren entfleuchenden kleinen Wüstensöhnen herruft: „Alile, Abdulläle, geht ihr sofort dôher, Lompebüeble elende!" Schon Thaddäus Troll hat darüber in „Deutschland deine Schwaben" ebenfalls berichtet. In Salé, der Schwesterstadt von Rabat, sind wir auf jeden Fall mitten in der Medina einem Achmedle begegnet, und selbst Spätzle sollen dort als Besatzungsfolge bekannt gewesen sein.
Baff waren wir allerdings wieder, als wir in Rabat einen komischen bärtigen Araber antrafen, komisch deshalb, weil er zwar die lange Dschellaba mit Kapuze trug, dazu aber bunte Ringelsocken, und weil er außerdem ungewöhnlich groß war und blaue Augen hatte. Wir musterten ihn, er musterte uns, bis er plötzlich 's Lache nemme hat verhebe könne und losplatzte: „Gell dô glotzet 'r!" Nun erkannten auch wir ihn. Es war Dieter Brinzer aus Winnenden, den wir einige Monate zuvor in Benningen verabschiedet hatten. Mit einem Segelboot wollte er vom Neckar aus die Welt umrunden. Seitdem hatten wir nichts mehr von ihm gehört. Jetzt erzählte er uns, daß er mit seinem Boot über Mannheim und durch die Burgundische Pforte lediglich bis Marseille gekommen sei, weil sein Partner, ein angeblicher Hochseekapitän, ihn hereingelegt und im Stich gelassen hatte. Nun versuchte er, von Marokko aus mit Franzosen auf der „Eridan/Stuttgart II" weiterzukommen. Zuvor hatte er jedoch einen eigenartigen Auftrag zu erledigen: er hatte entdeckt, daß in Rabat-Salé ein Herr Häberle wohnte. Er ging um so lieber hin, als man ihm versprochen hatte, daß die marokkanische Frau Häberle zum Mittagessen Spätzle machen werde. Ob das zitierte Achmedle aus diesem Hause stammte?
Ein anderes Haus in Rabat mit dem beziehungsvollen Namen „Villa Zéro" (Villa Null, weil bei Baubeginn nur Null Mark vorhanden waren) wurde durch unsere Anwesenheit in ein richtiges schwäbisches Zentrum verwandelt. Denn die Mieter Diefenbacher waren auch Schwaben. Wohlgemerkt: die Mieter, denn daß Leute aus der Urheimat der Bausparkasse mit Null Mark anfangen, ein Häusle zu bauen, ist ja beinahe undenkbar. Kennengelernt hatten wir sie über Dieter Brinzer auf der Deutschen Botschaft, die zu jener Zeit stark schwäbisch unterwandert schien. So nahm schließlich auch noch die einheimische Presse von uns Notiz und „El Ahd el

Jadid" veröffentlichte zu ihrem großen Bericht in arabischer Sprache als Gruß aus unserer Heimat sogar ein Bild vom Ulmer Münster.
Die Weiterfahrt machte unerwartet Schwierigkeiten, weil in Algerien die Lage sehr brenzlig war. So mußten wir gleich in Rabat sechs Wochen Zwangspause einlegen, bis wir endlich von den Franzosen ein Transitvisum erhielten. Doch dank Villa Zéro, in der wir zwei Wochen als Bewacher fungierten, ließ es sich aushalten. Wir spielten arabischen Nachbarskindern „Uff em Wase graset Hase" vor, was auf sie jedoch keinerlei erkennbaren Eindruck machte. Um so mehr gelang uns dies, wenn wir mit unserem VW die engen Basargassen der Medina unsicher machten, bis uns ein paar empörte Händler, denen ein durch uns entstandener Volksauflauf das Geschäft verdarb, mit Messern bedrohten.
Nach so langem Aufenthalt gab es den ersten von noch vielen schmerzlichen Abschieden in Afrika. Jetzt sahen wir erst, wieviel Freunde wir schon gewonnen hatten, Marokkaner, Franzosen, Deutsche, Engländer, Amerikaner – Schwaben. Die Villa Zéro konnte kaum die Schwaben alle fassen, daß es aber trotzdem auch für Nichtschwaben noch ein Eckchen gab, hat sich gelohnt. Die deftigsten Gôgenwitze erzählte nämlich in hasenreinem Tübingerisch eine Nichtschwäbin, Demoiselle Odette Polizzi, die drei Jahre in Tübingen gelebt hatte.
Daß es natürlich Spätzle gab und sie auch noch den einheimischen Kuskus verdrängten, versteht sich von selbst. Daß Rudi den Teig dazu machen mußte, war dagegen etwas völlig Neues. Das „Einlegen" behielt sich jedoch Küchenchefin Diefenbacher in weiser Voraussicht selbst vor. Es hätte sonst sicher „Spatzen" gegeben. „Esset no fescht," ermunterte man uns von allen Seiten, „Schpätzle krieget'r en Afrika sicher nemme!" Eine Prophezeiung, die sich erfreulicherweise als arger Irrtum herausstellen sollte.
Am andern Morgen stopften wir den VW bis zur letzten Lücke mit Konserven und anderem Proviant voll. Dann backten wir unter der Regie der Hausfrau noch einen eßbar ausgefallenen Marmorkuchen und gaben uns vor dem Start in Richtung Sahara noch einer kleinen Träumerei im Garten hin. Wir hatten die Augen geschlossen, ein Hund bellte, aus einem offenen Fenster drang Radiomusik, Kinder lärmten in der Ferne, nicht weit weg kreischte und sang eine Kreissäge, ein kleiner Betrieb ließ eine Sirene ertönen, ein Hahn krähte, ein Flugzeug brummte monoton und langsam verklingend am Himmel. Es hätte daheim sein können. Als wir eine Stunde später dem Atlasgebirge entgegenrollten, wurde uns erst richtig klar, daß es wirklich wie daheim gewesen war, und nicht im entferntesten dachten

wir daran, daß es uns in Afrika noch öfter so gehen würde.
Aber alle Welt schien unser Ländle zu kennen. Bei einem Schwätzle um die Mittagszeit mit zwei Radfahrern im wildromantischen, rötlichen Canyon des Ziz, mußten wir uns erzählen lassen, wie es 1945 in Muggensturm war. Französische Heuschreckenjäger, von schwarz-blau verschleierten Tuaregs umringt, schwärmten von ihrem Mercedes-Unimog als „la meilleure matérial qu'il y a", und der 22jährige Kommandant des festungsartigen algerischen Grenzstützpunkts Mengoub Gare sprach zu unserer Überraschung so gut Deutsch, daß wir ihn fragten, wo er es gelernt habe. Wieder waren wir doppelt perplex: weil es in Feuerbach war und weil er sich dort echtes Deutsch und nicht etwa Schwäbisch angeeignet hatte. Jetzt versuchte der junge Pariser, der einige Monate zuvor von einer explodierenden Tellermine verwundet worden war, mit ein paar Dutzend Senegalesen hier la gloire de la France zu retten. Langsam wurde uns wieder weniger wohl in unserer Haut.
An einem Morgen Ende Oktober spielte uns nach kalter Wüstennacht die Deutsche Welle zur Ermunterung „Es klappert die Mühle im Schwarzwälder Tal", was so unwirklich wirkte wie unsere erste Fata Morgana, die wir wenig später sahen und die uns einen riesigen, bewegten See am Fuß der Berge im Süden vorspiegelte. Am Abend des gleichen Tages konnten wir München noch sehr gut hören, und zwar mit einem Jubiläumskonzert zum zehnjährigen Bestehen des Tanzorchesters Herbert Beck. Unter den Gratulanten befand sich auch Erwin Lehn mit Horst Fischer aus Stuttgart; seine Geburtstagsgabe war die Uraufführung seiner eigenen Komposition „Thema in Blue". Am nächsten Morgen schalteten wir erwartungsvoll wieder ein, aber nach einigen Mißtönen war der Apparat still und tot – leider für sehr lange.
Die Pisten wurden immer miserabler, manchmal waren sie nur noch angedeutet. Jeder fuhr dort, wo sich noch kein „Wellblech" wellte, diese scheußlichste Krankheit afrikanischer Straßen. Oder fuhren andere vielleicht aus Angst vor Minen kreuz und quer? Dann entdeckten wir plötzlich seitab wieder eine Teerstraße, aber auch Stacheldrahtverhau, Schießscharten und Sandsackbarrikaden. Wir fuhren in Colomb-Béchar ein, wo wir uns zuerst „Chez Heinz" aus Oberriexingen die Haare schneiden ließen.
C. B. erinnerte mehr an Texas als an Afrika. Die Atmosphäre wurde bestimmt von einer bunt zusammengewürfelten Gesellschaft von entlassenen Fremdenlegionären, von gefürchteten Parachutistes und von der dauernden Angst vor Bom-

13 *Auf der Suche nach Schwäbisch Afrika: im Herzen der Sahara war es offensichtlich sogar Schwaben zu einsam.*

Verwunschene Idylle im Kaffee: das Wohnhaus von Lumbungo.

benattentaten und Feuerüberfällen, oft am hellichten Tag und mit Vorliebe gegen eines der vielen kleinen Bistros. Heinz schien sich daran gewöhnt zu haben, und seine italienische Frau auch. Aber punkt 23 Uhr machte sie unserer Feier in einem VW-Bus energisch ein Ende, obwohl noch nicht einmal aller Kartoffelsalat und Schweinebraten verspeist war. Sie hatte zweifellos recht, denn nach der Sperrstunde war mit den Parachutistes nicht mehr zu spaßen. Nur ein wenig Musik aus Heinz' Friseurladen erlaubte sie noch. Da überkam dann auch, mit ausgelöst durch den Hoggarwein, die mitfeiernden rauhen Ex-Legionäre das große Rühren und der heftige Wunsch, mit uns zu fahren. Und wir ließen uns rühren vom Schicksal dieser Männer, für die es großenteils nirgendwo mehr auf der Welt eine ruhige und dauernde Bleibe geben wird.
Punkt 8.45 Uhr am andern Morgen startete ein langer Konvoi von Militärfahrzeugen mit starkem Begleitschutz und Beobachtungsflugzeug vom Bidon 2 aus südwärts ins Innere der Sahara. Voraus fuhren Minensucher, mitten drin wir, wirklich wie mit einem Käferle, hinterher Panzerwagen. Trotz saumäßiger Piste mußten wir das mörderische Tempo der andern mit dem überladenen VW mithalten und dazu noch den Staub der halben Kolonne schlucken. Wir hatten mit dem Auto mehr Mitleid als mit uns. Erst am Raketenversuchszentrum Hammaguir war der Spuk zu Ende, ohne daß sich etwas ereignet hätte. Jetzt begann die ganze Schönheit der Wüste mit ihrer Weite, Einsamkeit, Stille und Leere.
Wo niemand mehr ist, kann man auch keine Schwaben mehr treffen. Das passierte erst wieder ein paar tausend Kilometer weiter südlich, in Abidschan an der Elfenbeinküste.
Unsere erste Begegnung mit Schwäbisch Afrika lag hinter uns. Im Verlauf von fast zwanzig Jahren lernten wir es immer besser kennen und wurden beinahe so etwas wie Mitbürger davon. Um so betrübter sind wir heute, da diese Zeilen geschrieben werden, über den endgültigen Untergang unserer von den großen weltpolitischen Ereignissen mitleidlos überrollten zweiten schwäbischen Heimat in Afrika.

Lumbungo – schwäbische Insel im Busch

Richard Oesterlens Kaffeepflanzung Lumbungo im Libolo-Bergland von Angola war für uns stets das leuchtende Musterbeispiel einer schwäbischen Enklave in Afrika, nicht eingerichtet zur Beherrschung und Ausbeutung eines fremden Landes, sondern zur Befreiung des eigenen Ichs von den Zwängen und Schattenseiten einer überzivilisierten, beengten und oft kleinkarierten Welt. Nicht der Wunsch, reich zu werden, stand an erster Stelle von Richard Oesterlens Beweggründen, sich in der afrikanischen Savanne niederzulassen, sondern das Bedürfnis „Zurück zur Natur“ von einer eingebildeten Zivilisation, die oft affiger ist als die Wildnis, mit dem Ziel, irgendwo ungeniert sein eigener und eigenwilliger kleiner Herr zu sein und nach eigener Fasson selig zu werden. Dem war alles andere untergeordnet.

Vielleicht ist es ein bißle persönliche Apartheid, was der ausgeprägte Individualist Oesterlen und mancher andere in Afrika für sich gesucht und gefunden hat, ein Für-sich-sein-Wollen, aber eben nicht aus Überheblichkeit, sondern aus der inneren Notwendigkeit, die eigene Persönlichkeit dort zu verwirklichen, wo es möglich war.

Diesen Bedürfnissen diente der Kaffee von Lumbungo zuerst. Aber wenn schon der Kaffee die materielle Grundlage für das erwünschte Sein war, dann diente ein rechter Schwabe auch dem Kaffee. Richard Oesterlen ging gewissermaßen im Kaffee auf, die Welt bestand für ihn zu neunzig Prozent aus Kaffee, und erst die restlichen zehn Prozent verteilten sich auf Familie, Politik und seine Aktien, breit gestreut, auf Nummer sicher, versteht sich. Daß sich mit dem Kaffee auch noch Geld verdienen ließ, kam den bekannten Zügen schwäbischen Wesens zusätzlich entgegen.

So sahen wir in Lumbungo bis heute Schwäbisch Afrika schlechthin und es steht deshalb an der Spitze unserer näheren Begegnungen mit Landsleuten im Schwarzen Erdteil.

Fazenda Lumbungo, Calulo/Libolo

Die Adresse hatten wir. Aber ob wir Exmo. Senhor Richard Oesterlen und seine Kaffee-Fazenda Lumbungo in Angola je finden würden, schien dem alten Herrn höchst fragwürdig, als er uns 1956 in Öhringen zu beschreiben versuchte, wo er sich in Afrika versteckt hatte. „Außerdem müssen Sie verstehen", fügte er entschuldigend und warnend hinzu, „daß der Weg zu mir nicht das ganze Jahr über passierbar ist. Er muß ja von den paar Anliegern selbst instandgehalten werden. Aber wenn Sie mich finden, sind Sie herzlich willkommen."

Im Jahr darauf waren wir immerhin bis zu dem hoch gelegenen Städtchen Calulo, rund 300 Kilometer südöstlich von Luanda, vorgedrungen und standen am frühen Vormittag in dem kleinen Postamt etwas hilflos vor der C. P. (Caixa Postal) 57 von Lumbungo. Denn von dem Postfach bis zur Pflanzung lag noch einmal ein Weg von hundert Kilometern durch unbekannte, kaum bewohnte Wildnis vor uns, und mangels Straßenbeschilderung war guter Rat teuer, in welche Richtung wir überhaupt die Nase unseres VW schauen lassen sollten. Straßen, Wege und Pisten gab es eine Menge, und Leute, die man fragen konnte, auch, nur verstanden sie uns nicht (dies schlossen wir daraus, daß sie auf alle unsere fragenden „Deutungen" lebhaft bejahend mit dem Kopf nickten, egal ob wir nach Süd oder Nord, Ost oder West zeigten; oder waren sie tatsächlich so eingeschüchtert, daß sie zu nichts nein zu sagen wagten?).

In solchen Augenblicken kommt dann bekanntlich ein rettender Engel, diesmal als zwar wenig himmlische Erscheinung, dafür aber in Gestalt einer selbstbewußten und attraktiven deutschen Pflanzerin. Frau von Richthofen hatte uns sofort als hilfsbedürftige deutsche Irrläufer erkannt und instruierte uns liebenswürdig und genau über den Weg nach Lumbungo. Für angolanische Verhältnisse war sie schließlich Nachbarin von Lumbungo, wenn auch beide Pflanzungen fünfzig Kilometer auseinander lagen. Erleichtert fuhren wir von dannen und gaben uns leichtfertig der Hoffnung hin, zum Mittagessen am Tisch von Frau Oesterlen zu sitzen. Wir hatten immer noch nicht gelernt, daß Afrika nicht Europa ist.

Es war gerade um die Jahreswende, also in der kurzen Trockenperiode zwischen den beiden Regenzeiten. Auf den damals in Angola ohnehin schauerlichen „Straßen" waren die Spuren der vorhergehenden Regenfälle noch deutlich sichtbar und dementsprechend höchst unangenehm spürbar. Zu der Zeit, als wir endlich einmal wieder ein anständiges Mittagessen einzunehmen gedachten, quälten wir uns noch bei der Abzweigung des Wegs nach Dala Cachibo von der nach Süden weiterführenden Hauptroute herum.

Hinter jeder Wegbiegung, glaubten wir, müsse doch dieses Dala Cachibo auftauchen, doch da wir nur im Schneckentempo vorankamen, wurde es später Nachmittag, bis wir auch diese vierzig Kilometer bezwungen hatten. Tief ausgewaschene Furchen, abgebröckelte Fahrbahnränder des schmalen Erdsträßchens, wakkelige und morsche Brücken ließen uns kaum ein Auge für die malerische Berglandschaft riskieren, in die wir hineinfuhren. Ab und zu passierten wir ein paar Hütten, und als wir endlich in eine schattige Allee einbogen, an der weitläufig außer den üblichen Lehmhäusern noch ein paar schäbig-bunte Steinbauten im portugiesischen Kolonialstil lagen, konnten wir nur vermuten, den lang ersehnten Punkt erreicht zu haben, von dem die 18 Kilometer lange Privat„straße" nach Lumbungo abzweigte.

Eine Abzweigung war indessen in der kümmerlichen Siedlung, die in einem majestätisch weiten Talkessel lag, nirgends zu erkennen. Mit „Lumbungo" und „Senhor Oesterlen", mit Gefuchtel von Armen und Kopf, versuchten wir in einer Loja, einer armseligen Andeutung von Laden, herauszubekommen, wo es weiterginge. Hilfsbereit kam der portugiesische Besitzer mit uns heraus. „Dort, hinter diesem Haus", gab er uns eindeutig zu verstehen. Also fuhren wir über einen weiten Platz, durch einen Hof voller Gerümpel und dann zwischen Schuppen, Hühnergärten und Autowracks hinter dieses Haus. Erstaunt und neugierig schauten uns dessen zahlreiche Bewohner nach. Schon nach wenigen Metern standen wir vor einer undurchdringlich scheinenden, drei Meter hohen Mauer von hartem Elefantengras. Jetzt staunten auch wir, denn hier konnten wir doch unmöglich auf dem rechten Weg sein und wahrscheinlich lag wieder einmal ein Irrtum vor. „Lumbungo?!" riefen wir fragend zurück. „Si, si!" riefen die Leute bestätigend und bedeuteten uns, wir sollten weiterfahren. Das mußte doch ein Witz sein, den die sich mit uns erlaubten. Wir wußten nicht mehr, was tun, stiegen aus, besahen uns die Lage von außen und drangen zu Fuß ein Stück in den weit übermannshohen, dichten Grasdschungel ein. Dabei entdeckten wir auf dem Boden tatsächlich eine Fahrspur. Dies mußte der Weg nach Lumbungo sein. Inzwischen waren ein paar Leute nähergekommen, die unser Zögern bemerkt hatten, und bestärkten uns temperamentvoll gestikulierend darin, uns auf diese kaum erkennbare Fährte zu begeben.

Selten sind wir mit so gemischten Gefühlen losgefahren. Aber siehe da, so schlimm war es gar nicht. Sanft und gleichmäßig senkten sich vor uns die langen, schilfähnlichen und scharfkantigen Halme und eröffneten dabei gleichzeitig einen grad noch ausreichenden Blick dafür, wo die Spur weiterging. An ein Öffnen der Fenster war trotz der Bullenhitze nicht zu denken, weil sich sonst das halbe vor, über und neben uns wogende Grasmeer samt seiner überaus reichen Lebewelt an Spinnen, Käfern, Mücken und anderem unangenehmen Getier auf uns ergossen

hätte. So merkten wir zweimal erst hinterher, daß wir auf zwei Brettern einen versumpften Wasserlauf überquert hatten ...
Spätestens an diesem Punkt war uns endgültig klar, warum Richard Oesterlen so daran gezweifelt hatte, daß wir jemals bis in sein gottverlassenes Tropenidyll am Ende der Welt gelangen würden.
Bald mündete unser Weg in eine von rechts kommende, offenbar mehr befahrene Spur ein. Schon atmeten wir unvorsichtigerweise wieder auf, denn wir hatten immer noch nicht ausgelernt und meinten kurzsichtig, schlimmer könne es nun nicht mehr kommen. Doch wir waren mit dem Aufatmen und Fensteröffnen noch nicht fertig, da begann der nervenzermürbende Abstieg in ein kleines Tal, der eher einem ausgetrockneten Bergbachbett glich als einem Fahrweg. Meter um Meter rutschten wir auf Geröll abwärts. Einer von uns mußte meist nebenhergehen, um aufzupassen, daß der Wagen nicht unten aufsaß oder Trittbretter und Kotflügel an Steinklötzen hängenblieben.
Unten kreuzten wir das Flüßchen Luau, über das erstaunlicherweise ein stabiles Brückchen führte. Gleich dahinter begann eine längere Morastfahrt auf einem völlig zerfahrenen Knüppeldamm, der uns schier zur Verzweiflung brachte, weil entweder dicke Baumstrünke herausragten oder nur noch Sumpf vor uns lag und wir überhaupt nicht mehr zu erkennen vermochten, ob darunter noch etwas von dem Damm existierte. Die nächste Prüfung war ein halb zusammengebrochenes, waghalsiges Eigenbaubrücklein über einen zu Tal rauschenden Bergbach hinter dem Dörflein Chinche. Die Längsträger sahen noch vertrauenswürdig aus, die Querbohlen weniger, und die in Fahrtrichtung liegenden Stangen und Bretter konnten wohl nur für Menschen, keinesfalls für Fahrzeuge gedacht sein (dachten wir). Aber wenn's sein muß, ist ein VW auch kein Auto mehr, denn er kam wider Erwarten, wenn auch unter Krachen und Bersten, heil auf die andere Seite. Da beschlich uns aber schon die Angst vor der Rückfahrt, denn es führte kein andrer Weg zurück von Lumbungo.
Unmittelbar nach der sogenannten Brücke fing eine sehr steile, ausgewaschene und kurvige Steigung voll von grobem Geröll, Baumwurzeln und steinharten Termitenhügeln an. Das Kratzen am Bodenblech ging uns durch Mark und Bein, aber letztlich waren wir froh, wenigstens im ersten Gang überhaupt noch vorwärts zu kommen, statt auf dem losen Steinmaterial wieder rückwärts abzurutschen. Nun waren wir tatsächlich nahe daran, entweder Gelbsucht zu kriegen oder aufzugeben und umzudrehen. Wäre nicht das soeben überwundene Brückchen

gewesen, vielleicht hätten wir's wirklich getan, obwohl das Ziel zum Greifen nahe sein mußte und uns während der ganzen langen und schweren Reise nicht der Mercedes-Stern, sondern Lumbungo wie ein wegweisendes, rettendes Licht vorangeleuchtet hatte.
Die mörderische Berg- und Talbahn nahm kein Ende. Wir vermuteten schon, daß wir auf dem falschen Weg waren oder daß dieses verflixte Lumbungo gar nicht existierte. Nur der Tacho gab uns wieder Mut, denn nach ihm waren die 18 Kilometer noch längst nicht geschafft. Dann sahen wir eine Abzweigung nach rechts kommen und sogar ein paar Wegweiser. „Ndanga" entzifferten wir auf dem Pfeil nach rechts, während wir auf dem geradeaus weisenden pompösen Schild in großen Lettern zu unserer grenzenlosen Enttäuschung nicht das sehnlichst erwartete „Lumbungo" lasen, sondern den unbekannten Namen „Fazenda Bumba – Residencia". „Sicher ein steinreicher Mann", stimmten wir seit Calulo erstmals wieder überein. Daß daneben an einer kümmerlichen Storre noch ein selbstgebasteltes, verwittertes und winziges Holzpfeilchen hing, wäre uns beinahe entgangen. Zuerst hielten wir es für ein altes Vermessungszeichen oder dergleichen, stiegen dann aber doch aus, untersuchten es genauer und entdeckten hoffnungsvoll letzte Reste eines verwaschenen Schriftzuges, der einmal „Lumbungo" geheißen haben konnte. Die Stimmung stieg wieder, die Sonne sank und rasch brach die Dunkelheit herein. Dann schimmerten endlich wie eine Erlösung die paar Lichtlein von Lumbungo durch den dichten Kaffeewald drumherum.
„Was sagen Sie", entrüstete sich Richard Oesterlen halb lachend, halb gekränkt, „unsere Straße sei schlecht! Vor zwei Wochen wären Sie überhaupt noch nicht hier hereingekommen. Jetzt ist sie doch wieder wunderbar ..."
„Ond Ihr Schild da vorne könnten Se eigentlich au emol neu streiche", wagten wir weiter einzuwenden, „wie soll mr Sie denn so finde." – "Das ischt ja gar nicht nötig", konterte der Dreiundsechzigjährige, „ich bin froh, wenn ich meine Ruhe habe, ausgenommen natürlich Sie. Und lassen Sie sich bloß nicht täuschen, weil der von Bumba so ein großkotzigs Schild von meinem Geld hat, statt daß der mal etwas von den Schulden zurückzahlt, die er bei mir hat. Aber noch nicht einmal den Zins vom vorletzten Jahr habe ich gesehen."
Der Leidensweg nach Lumbungo war vorläufig abgeschlossen und uns war nach dieser Fahrt völlig klar: in eine solch entlegene, beinahe unerreichbare Abgeschiedenheit, konnte sich nur ein schwäbischer Eigenbrötler zurückgezogen haben und sich dort auch noch wohlfühlen. Niemand anders sonst.

König im Kaffee

Angefangen hat Richard Oesterlen mit einer Lehmhütte in der bergigen und trokkenen, von Galeriewäldern durchzogenen lichten Baumsavanne. Eine seiner ersten Errungenschaften war ein Fahrrad, mit dem er sich ab und zu auf den steinigen und dornenvollen Weg nach Calulo machte. „Oft nicht", erzählte er uns, „aber Ihnen brauche ich ja nicht mehr zu erklären, warum. Streckenweise bin ich einfach über die Picadas, die kahlen Feuerschutzstreifen um die Kaffeewälder gegondelt. Durch die Bäche und Flüsse hat ein Boy Fahrrad und Koffer ans andere Ufer getragen, und ich habe solange auf die Krokodile aufgepaßt – ja, dagegen sind Sie ja noch wie im ‚Rheingold' gefahren ..."

Der schon immer etwas eigenwillige Stuttgarter und spätere Friedrichshafener hätte eigentlich einen solchen schweren neuen Start gar nicht nötig gehabt, denn sein Vater übte die sicher recht lukrative Funktion eines Ministerialdirektors bei der einstigen württembergischen Staatseisenbahn aus. Außerdem galt damals ein Absolvent des renommierten Eberhard-Ludwig-Gymnasiums von vorneherein als „ebbes Bessers". Aber die Geschmäcker sind halt verschieden, der eine liebt Villen am Bodensee und der andere ein einsames Farmhaus an einem Buschbach in Afrika. Daß Richard Oesterlen keine große Sehnsucht nach der von ihm verlassenen Welt hatte, zeigt schon die Tatsache, daß er seit seiner Auswanderung im Januar 1929, als er den Landwirtschaftslehrer in Öhringen an den Nagel hängte, nur noch zweimal in Deutschland gesehen wurde. Bei einer dieser Gelegenheiten hat er 1939 geheiratet, doch ist in diesem Fall die Kalkulation des gewitzten Kaufmanns ausnahmsweise nicht gleich aufgegangen. Er flog nämlich voraus nach Angola und die neugebackene Frau Oesterlen sollte per Schiff hinterherreisen. Inzwischen brach jedoch der Krieg aus und der Einsiedler von Lumbungo mußte sich mit seinen Flitterwochen beinahe zehn Jahre gedulden. Da war es ganz gut, daß man sich auch in den Kaffee verlieben konnte ...

Als wir in Lumbungo auftauchten, war daraus längst ein kleines, beinahe tausend Hektar großes Königreich mit einem kleinen König geworden, aber einem schwäbischen natürlich, so wie dem, zu dem d'Leut uff dr Schtrôß gsagt hen: „Grüß Gott, Herr Kenig!" Ein König, der zwar e bißle absolutistisch, sonst aber arg volksnah und patriarchalisch herrschte, weshalb uns die portugiesische Bezeichnung „patrão" für den Chef viel passender erschien als der gestelzte „Excelentissimo Senhor". Zusätzlich entpuppte er sich noch als e bißle knitz und e bißle bruddelig, mit schlagfertigem Humor und beißender, aber gar nicht so gemeinter Ironie, als großartiger, stets auf dreifache Sicherheit bedachter Rechner, und – wie könnte es anders sein – als e bißle bhäb und im übrigen saufleißig. Er liebte die Einsamkeit und am liebsten war es ihm, wenn er in Ruhe gelassen wurde. Nur für seinen der verzögerten Flitterwochen halber noch kleinen Sohn Bernd war er immer da, weshalb es uns nicht weiter Wunder nahm, daß dieser schon mit zehn Jahren die Börsenzettel studierte.

Von Vornehmheit hielt der alte Oesterlen nicht viel, im Gegensatz zu manchen anderen deutschen Pflanzern, die Blut- oder Geldadel im Busch ausgleichshalber erst recht glanzvoll weiterpflegten. Man sah in ihm daher nicht nur den tüchtigen Kaffeebauern, sondern ebenso ein Original, das man aber schätzte (manche, weil sie es gelegentlich als Gläubiger brauchen konnten). Als sich dieses Original einmal dazu überreden ließ, an einer „festa" teilzunehmen, entspann sich bei seiner Ankunft folgender Dialog: „Willkommen Herr Oesterlen, kommen Sie direkt von der Planzung?" – „Wieso von der Pflanzung?" – „Weil Sie Shorts tragen?" – „Ja wissen Sie, lange Hosen ziehe ich seit ich hier bin nur noch zu Beerdigungen an." Danach ist jetzt gewiß verständlich, was das Lieblingslied des schlichten Herrn von Lumbungo war: auf einer Uralt-Schallplatte mit Gustav Gründgens (!) das blödelnde Duett „Gräfin, wie sind wir beide vornehm, ach Gott, wie sind wir vornehm", aus Eduard Künnekes Singspiel „Liselott".

Niemand möge aber nun an einen ungebildeten, sonderlichen Hinterwäldler denken. Es gab fast nichts, worüber man sich mit dem Patrão nicht unterhalten konnte. Sein Schallplattenarchiv enthielt die schönsten Werke der Musikgeschichte und wenn sich auch in seinen Grammophonkonzerten Schubert mit Affengeschrei und bellenden Schakalen mischte, gehörten diese tropennächtlichen Kunstgenüsse doch zu unseren schönsten afrikanischen Stunden. Die Bibliothek umfaßte mehrere hundert Bände und sollte bald auch noch das ziemlich abseits stehende stille Örtchen miteinbeziehen. Diese Idee zu einer kleinen Clo-Notbibliothek war Richard Oesterlen gekommen, als er eines Tages nach seiner Sitzung eine geschlagene halbe Stunde lang von einem überraschenden gewaltigen Wolkenbruch mit Blitz- und Donnerinferno an dem ungastlichen Plätzchen festgehalten wurde und er unterdessen nur die Möglichkeit hatte, sich mit einem alten Lanz-Kalender zu beschäftigen. Eine ungenützte halbe Stunde – das sollte ihm nicht noch einmal passieren!

Ungeachtet dieser außergewöhnlichen Bildung zog der Kaffeekönig seine Schuhe ebenso ungewöhnlich ungebildet mit der Catana an. Das große Buschmesser, meinte er, sei ein vorzüglicher Schuhlöffelersatz. Sein Gebiß dagegen zog er gleich gar nicht an, sondern „sparte" es offensichtlich (wer hätt's auch in Lumbungo repariert, wenn's emôl nondergfloge wär?). Zu uns sagte er auf gewohnt liebenswert-nörgelnde Weise: „Wegen Ihnen brauch' ich ja mein Gebiß nicht einsetzen, ich bin ja sowieso kein Apollo. Sonscht nehm' ich das Ding nur aus der Schublade, wenn der Gouverneur kommt, – und der meldet sich vorher an." Einmal war aber irgendein staatlicher Repräsentant überraschend erschienen und saß gemütlich im Wohnzimmer, als der Patrão verdreckt und zahnlos aus der Pflanzung kam und ungewarnt ins Haus trat. Da putzte er uns aber hinterher gewaltig herunter. „Da hättet ihr mich doch wahrhaftig abfangen können. Sie verschtehn, jetzt konnte ich diesem geschniegelten Schwätzer, der bloß wieder eine Bestechung wollte, nicht einmal die Zähne zeigen."

Aber ein Unikum war er doch, wird man jetzt sagen. Gut, er war in seiner Art einzig, aber er stellte auch seinen Mann wie kaum einer. Sein Kaffee war gepflegt, seine Ernte mustergültig verlesen. Er brachte unter dem meilenweit hörbaren Jubel seiner Arbeiterschaft Pulper, Schälmaschine und Autos, Windfege und Sortiermaschine auch in aussichtslosen Lagen wieder in Gang, flickte Treibriemen zusammen, die plötzlich wirbelnd durch die Luft geflogen waren, und zimmerte solide Dächer. Er baute Wege, schliff Messer, führte lange Lohnlisten, bot Gewähr dafür, daß der „Lister" abends Strom und der Widder unten im Hausbach laufend und gratis Wasser lieferte. Nach Feierabend gab er noch Fuba, Palmöl und stinkenden, gepreßten Trockenfisch, dessen Gräten einem die Hände blutig stachen, an seine im Campament wohnende einheimische „Mannschaft" aus.

Als er nach den ersten Unruhen von 1961 die meiste Zeit im Jahr wieder mutterseelenallein mit seinen Schwarzen auf Lumbungo saß, hat er sich einmal ein Bein gebrochen. Trotzdem verließ er die Pflanzung nicht und ließ nicht einmal einen Arzt kommen. Die Selbstbehandlung glückte zwar einigermaßen, nur war hinterher das Bein halt a bißle zu kurz und der alte Richard mußte fortan am Stock gehen. Während seiner Leidenszeit dirigierte er die Pflanzung vom Bett aus und verzichtete nicht einmal auf den üblichen Morgenappell. Wie sonst auf dem Hof, mußten die Arbeiter nun an seinem Bett zur Arbeitseinteilung antreten.

Wer so tagtäglich von morgens bis abends hinter allem her ist, kann verständlicherweise nicht sehen, wie etwas vergeudet wird. Auch unter diesem Aspekt lebte Richard Oesterlen einzigartig. So oft er während und nach der Ernte von der

Pflanzung kam, hatte seine weite, lange kurze Hose zum Zerplatzen pralle Taschen. Zum Vorschein kamen daraus ein paar Hände voll Kaffeekirschen, die er unterwegs im Kaffeewald aufgesammelt hatte. An keiner Kirsche auf dem Boden, von anderen achtlos fallen gelassen, ging er vorbei, ohne sich danach zu bücken. Schließlich waren das jedesmal zwei Kaffeebohnen. Nach einiger Zeit war das kleine Trockenplätzle beim Wohnhaus ganz damit gefüllt! Er verkörperte die schwäbische Devise „Sparsam ist nicht geizig" wie sie im Buch steht. „No nix umkomme lasse", das galt bei ihm bis zu dem abgetragenen Pullover, den seine Frau an einen Schwarzen weitergeben wollte: „Aber der Buckel isch doch noch gut! Oder soll ich vielleicht auch zahlungsunfähig werden?"
Um diesen schlimmsten Makel für einen Schwaben zu vermeiden, suchte er noch hinter der profansten Verrichtung nach einem wirtschaftlichen Nutzen. „Wo bleibt denn der Herr Hähnle?", fragte er eines Tages und explodierte beinahe, als er zur Antwort erhielt: „Der isch no auf'm Clo." – „Was, wieso geht denn der uff dr Abort, wenn's dô so viele Kaffeebäum' hat! Dô kann mr doch jedesmôl e Kaffeebäumle dünge – so eine Vergeudung!"

Hinter den sieben Bergen

Wie es sich für ein Paradies gehört, war Lumbungo nicht leicht auffindbar und nur mit großen Anstrengungen zu erreichen. Und wer einmal dort war, schied trotz der für normale Mitteleuropäer vielleicht beängstigenden Verlassenheit nur schweren Herzens wieder von diesem heimeligen Abbild einer schwäbischen Idylle inmitten einer fremdartigen Urwelt. Das ebenerdige, ziegelgedeckte und dunkelgelb gestrichene, bis übers Dach von rosaroten „Brautküssen" überwucherte Haus, vor dem in der feuchten Morgenstille der melancholische Ruf des Ochsenhorns zur Arbeit rief, ist für uns heute noch der Inbegriff einer verlorenen Traumwelt von Glück und Frieden.
Gewiß ist auch der Anblick von Kaffeewäldern nicht ununterbrochen paradiesisch. Wenn man das ganze Jahr über jeden Tag im Kaffee sitzt, verliert dies im Lauf der Zeit sicher den Reiz eines seligen Zustands. Aber wenn nach dem ersten Regen im Oktober 150 000 Robusta-Kaffeesträucher mit rein weißem Blütenschnee bedeckt sind und die Abermillionen kleiner Büschel von zarten Blütensternchen ihren starken, betörend süßen Duft verströmen, kann keine Märchen-

welt schöner sein als die dämmerigen Haine unter den mächtigen Kronen der Schattenbäume. Und wenn später, in der Erntezeit, die vorher grünen, jetzt knallroten Kaffeekirschen klumpenweise wie ein kontrastierender Perlenschmuck aus dem dunkelgrün glänzenden Laub leuchten, bietet die Natur noch einmal ein unvergleichlich festliches Schauspiel.

Die Kaffeewälder von Lumbungo umfaßten zusammen über 150 Hektar, bildeten jedoch keine zusammenhängende ebene oder nur leicht gewellte Anlage von übersichtlicher Regelmäßigkeit. An mehreren geeigneten Stellen, zwischen 800 und 900 Meter hoch gelegen, bis hinein in enge Tälchen, ja Schluchten, hatte Richard Oesterlen seinen Robusta*) und ein wenig Arabica sowie ihre Coffee-Mammies, die nötigen Schattenbäume, gepflanzt. Außer den gerodeten Brandstreifen umgaben als zusätzlicher Feuerschutz dekorative hohe Hecken von Bixa orellana die parkartigen, malerischen Wälder und lieferten zugleich noch den natürlichen roten Farbstoff für den „Edamer".

Hinter vorgehaltener Hand wurde in gewissen deutschen Kaffeekreisen von Angola gelästert, der Alte vom Kaffeewalde kenne jedes einzelne seiner Bäumchen persönlich. Wir hielten dies weder für einen Schaden noch für eine witzige Übertreibung, nicht einmal dann, als er wegen Zahlungsunfähigkeit seines benachbarten Exmo. Senhor die Pflanzung Bumba mit der schönen Residencia und dem teuren Wegweiser wohl oder übel nach Lumbungo eingemeinden mußte und dadurch seinen pflanzlichen Bekanntenkreis noch verdoppelte! Er geisterte ja werktags wie sonntags mit seiner unvermeidlichen Catana in der Hand in seinem Kaffee herum, schaute da nach einem verletzten Strauch und hieb dort übersehene Wasserschossen ab, säuberte um ein Stämmchen herum, klaubte verlorene Kaffeekirschen auf oder setzte in einer Lücke ein neues Bäumchen. Urplötzlich tauchte er neben einem Arbeiter auf, der schlief statt zu schwitzen, oder überraschte einen Mann, der sich das Pflücken bequemer machte, indem er die Äste abriß. Bis zuletzt, sogar noch mit dem Stock, war er täglich viele Kilometer zu Fuß unterwegs und blieb dabei glänzend fit. Oft schleifte er uns mit, denn er freute sich erstens, weil wir uns ehrlich für den Kaffee interessierten, und zweitens, weil er uns schlauchen konnte. Selbst wenn man hätte fahren können, blieb die alte,

*) *Robusta-Kaffee ist, wie schon der Name verrät, robuster als Arabica und trägt wesentlich stärker. In der Qualität erreicht er jedoch den Arabica nicht ganz. Er ging daher überwiegend zur Pulverkaffeeherstellung, für die er wegen leichterer Löslichkeit besonders geeignet sein soll, in die USA.*

unverwüstliche Chevrolet-Carinha irgendwo stehen, und dann ging's in stechender Sonne bergauf und bergab, durchs dichte Gras mit den ekelhaft stupfenden und wie Kletten haftenden schwarzen „picas", die er offenbar als Schmuck und Wohltat an seinen Beinen empfand, weiter durch dschungelartiges Gestrüpp und über steinige Halden, vom Tende zum Lahanda, und vom Quilhege zum Catamba und Gnombe und dann unbedingt auch noch zum Michimich („Mischimisch" gesprochen). Wenn wir bei der Rückkehr auf den Felgen vollends zum Haus hinaufschlichen, fragte er heuchlerisch und quicklebendig: „Sind Sie denn müde? Hä, hä, hä."
Es versteht sich, daß der Patrão von Lumbungo bei dieser Einstellung gewisse Kollegen, die ihre Pflanzungen nur dort kannten, wo sie mit dem Auto hinkamen, verächtlich als „Salonpflanzer" titulierte. „Die kommen mit ihrer Pflanzung nicht weit", prophezeite er ihnen und behielt bei etlichen recht.
1960 blieben wir auf seinen Wunsch zur Ernte in Lumbungo und arbeiteten in den verschiedensten Rollen, als Kaffee-Fahrer, Aufseher beim Pflücken und Wiegen im Kaffeewald, in der „fabrica", also der Aufbereitungsanlage, auf den Trockenplätzen und in der Verlesehalle voll mit. Dabei lernten wir nicht nur die rauhe Wirklichkeit des Märchenlands, sondern endlich auch den schwarzen Kambundu und Sabalu, den Domingo Muhongo, Lorenzo, Pedro und Augusto anhand einer so gut wie unleserlichen, verschmierten Liste menschlich richtig kennen. Und ebenso die „Weiber" mit ihren wohltönenden Phantasienamen: die Delphina (als „Delaphina" anzuhören), die Linolea, Minca, Heba und Laulinda, letztere wegen mangelnden Arbeitseifers meist Faulinda gerufen. Außerdem war da noch die Concessão, die uns zu tiefsinnigen Überlegungen veranlaßte, was mit der „Konzession" wohl gemeint sei oder ob der Name nicht vielleicht Conceição = Empfängnis heiße. Für Werner allerdings war der Name kein Problem; für ihn hieß die hübsche Kleine einfach Kann-se's-au, und dementsprechend beschäftigte ihn viel mehr die Frage, ob sie „es" wirklich schon konnte, denn sie war erst dreizehn. Ihrem höchst liebreizenden Verhalten nach, das sie Werner gegenüber offen an den Tag legte, schien freilich auch diese Frage leicht beantwortbar zu sein, so daß es nur noch der Klärung bedurfte, wie der 17jährige Kaffeepflücker, an den Kann-se's-au bereits verkauft war, auf derart abwegige „Konzessionen" reagieren würde.
Da die Nervensägen meist kein „r" sagen konnten oder wollten und aufs „l" auswichen, schwirrte ferner ein Schwarm von Malias und Losas um uns herum: die Malia Valeta, Malia Semba, Malia Puntalonge und die Losa Cuteca. Zur leichteren Unterscheidung sagten sie immer den Namen ihrer sansala, also ihres Dorfes

Abendliche Runde in Lumbungo – eigentlich viel z'viel Leut' für Exmo. Senhor Oesterlen (2. v. l.), der jetzt lieber in Ruhe die Aktienkurse im „Handelsblatt" studiert hätte.

Der naß aufbereitete Kaffee wird auf dem Trockenplatz gewendet, damit er schneller trocknet. Die Schweißfüße runden das Kaffeearoma ab . . .

Vater und Sohn Oesterlen inspizieren den Kaffee.

Neuer Zweck für Zinks Weinbergpistole: Werner weiht Kareschma als „Kaffeeschütz'" ein.

Im Kaffee-Märchenwald: blühende Zweige eines „Robusta"-Strauchs. Schade, daß der strenge, herbsüße Duft nicht mitfotografiert werden konnte.

Blick vom Bumba-Berg auf die großartige Berg- und Talszenerie um Lumbungo.

dazu, wobei wir aber lange nicht wußten, ob nun bei den Dorfnamen ein „l" wirklich ein „l" oder vielleicht ein „r" war. Köstlich hörte sich an, wenn sie abends für ein Angolares Fuba kauften, dabei militärisch stramm standen und vom Patrão laut und knapp verlangten: „Malia Dala-Cachibo fuba um angolales!"
Selbstverständlich waren die Männer genau so err-unfähig. Erst nach Tagen kapierten wir, daß wir in unserer Namensliste unter „Ferreira" suchten mußten, wenn uns einer „Felela" brüllend seinen Kaffeesack auf die Waage knallte. Auch ein „kl" machte ihnen offenbar Schwierigkeiten, denn Richard Oesterlens Neffe Klaus wurde von ihnen mit der ulkigen Etikette „Menino Laus" versehen.
Diese Leute waren übrigens alle zu allen Zeiten völlig freie Arbeiter. Im Gegensatz zu vielen anderen Pflanzungen hatte Lumbungo daran nie Mangel und war daher nie auf „contratores" (zwangsvermittelte Arbeiter) angewiesen. Im Gegenteil, alles drängte nach Lumbungo, weil dort ein zwar strenger und doch ungezwungener Betrieb herrschte, und außerdem jeder pünktlich auf Escudos und Centavos seinen Lohn erhielt, was absolut nicht überall die Regel war. So beschäftigte Lumbungo während der Ernte bis zu 120 erwachsene und 60 jugendliche Arbeiter, Bumba eine Mannschaft von zusammen etwa 90 Leuten.
Zum Kaffeefahren stand außer dem kleinen, aber starken „Chev" ein Opel-Blitz aus der Hinterlassenschaft von Bumba zur Verfügung, also ein Fahrzeug, das eigentlich für leichtere und schnellere Aufgaben gedacht war, und dessen Tacho seit 110 000 Kilometer stillstand, so daß kein Mensch mehr wußte, wieviel er tatsächlich auf dem Buckel hatte. Der Anlasser galt als ein „Peut-être-le"*), weshalb das Auto vor allem abends unbedingt an einem kleinen Ablaufberg beim Fuba-Magazin abgestellt werden mußte, wenn es am nächsten Morgen ohne Schieben wieder in Gang kommen sollte. Die Fußbremse funktionierte nur nach mehrmaligem Pumpen, und die Handbremse war so unzuverlässig, daß der „calzo", ein großer hölzerner Bremsklotz, das unentbehrlichste Zubehör darstellte.
Unter diesen Umständen bedeutete es zweifellos kein Vergnügen, den „Blitz" in einem Kaffeewald auf einem kleinen, steil ansteigenden Plätzle zwischen Kaffeebäumchen und auf loser Erde zu wenden. Rückwärts abwärts zum Beispiel ging dies bei den gegebenen Verhältnissen nur mit angezogener Handbremse und Vollgas, und so fünf- oder sechsmal, bis „der Saukarre" endlich gedreht war. Als

*) *von frz. „peut-être" = vielleicht, scherzhaft auch für Feuerzeug ...*

krönende Feinheit schnappte dabei noch dauernd der Motor ab, so daß Hände und Füße wild und kreuzweise in der Gegend herumfunktionieren mußten, um das Fahrzeug sowohl in Gang zu halten, als auch zu beherrschen.

Solange man als Fahrer allein drin saß, war all das längst nicht so aufregend wie bei maßlos überladenem Wagen, wenn hoch auf dreißig 60-Kilo-Säcken höchst vertrauensselig noch zehn oder zwölf Mann thronten, und sich im Fahrerhaus „nomôl e Stücker vier" drängten, weil sie den langen Weg nach Hause natürlich lieber schlecht fuhren, als noch schlechter zu Fuß gingen. Ihnen sagte es ja nichts, daß die Federblätter bereits waagerecht verliefen...

Oft waren vor allem die letzten Fahrten des Tages das reinste Vabanquespiel, weil die Wege über mehrere gebrechliche Brückle führten, die nur aus ein paar Laufbrettern bestanden. Dies wäre weiter nicht schlimm gewesen, wenn nicht gleich anschließend lange, steile und steinige Steigungen begonnen hätten, die nur zu überwinden waren, wenn auf der vorhergehenden steilen Abfahrt mit Vollgas und höchster erzielbarer Geschwindigkeit ein Anlauf genommen wurde, dessen Schwung gerade ausreichte, um auf der andern Seite wieder hochzukommen. Da das Lenkrad beinahe eine volle Umdrehung Spiel hatte, wegen der Holprigkeit der Wege und der Überladung kaum zu halten war und seine Zweckerfüllung zudem durch die vor „Raserei" juchzenden Mitfahrer in der Kabine ziemlich beeinträchtigt wurde, grenzte das Befahren der Brückchen bei solchem Tempo an eine bisweilen schon kriminelle Autoseiltänzerei, die man am besten nach dem Motto „Augen zu und hinüber" ohne Absturz überstand. Jedesmal krachten und splitterten Bretter und Balken, und doch hielten sie auch das nächste Mal wieder. Unter dem infernalischen Triumphgeheul der Fahrgäste, das jedoch das donnernde Knattern des Motors im ersten Gang nicht mehr übertönen konnte, seit auch noch der Auspufftopf fehlte, kletterte der Opel ganz unblitzig wieder aufwärts und schaffte meist mit letzter Kraft die Anhöhe. Dann wurde erst einmal angehalten, um Fahrer und Motor Gelegenheit zum Aufatmen und Abregen zu geben.

So gern Werner Auto fuhr, die Aufsicht über 50, 60 Frauen und Mädchen im luftigen Verleseraum entsprach seinen Anlagen eindeutig noch mehr. Dort fühlte er sich wie ein Pascha, denn er war ja förmlich Hahn im Korb. Kann-Se's-au und Konsorten konnten sich nicht einmal enthalten, an seinen Oberschenkeln entlang unter seine Jeans-Shorts zu fahren, so daß er vor lauter Vergnügen völlig übersah, was sich hinter seinem Rücken abspielte: die mit ihren Müttern anwesenden Säuglinge, die mit dem Rohkaffee spielten wie bei uns die Kinder mit dem Sand, pinkelten über die schönen Kaffeebohnen hinunter, und wenn es zu größeren Geschäften kam, wischten die Mütter einfach die „Geschäftsstellen" ihres Nachwuchses mit der Hand ab, um dann sofort mit der gleichen Hand wieder brav weiterzusortieren ...

Der gepulpte, naß aufbereitete Kaffee trocknete zwar auf den großen betonierten oder gepflasterten Trockenplätzen, vom Wenden abgesehen, von allein, aber er hatte außer dem Patrão auch noch andere Liebhaber, die besonders nachts angeschlichen kamen. Bei Tag fielen außerdem oft ganze Vogelscharen in den reifen Kaffee ein und pulpten ihn selbst, soll heißen, daß sie die beiden Kaffeebohnen aus der Kaffeekirsche befreiten, indem sie das Fruchtfleisch fraßen und die verschmähten Bohnen auf den Boden spuckten, damit sich der Patrão noch öfter bükken mußte. Deshalb kam hier erstmals Zinks Weinbergpistole aus Cleebronn zu ihrem Recht. Wir hatten sie freilich nur spaßeshalber als harmloses Schreckmittel mit allerdings fürchterlichem Kanonenschlag mitgenommen und hätten uns nie etwas von einer Rolle als Kaffeewengertschütz träumen lassen. Aber nun stellte sich heraus, daß das nur gefährlich aussehende Schießeisen wegen seines ohrenbetäubenden Knalls auf geflügelte wie ungeflügelte Zweibeiner eine enorme Abschreckung ausübte. Ein einziger, öffentlich vorgeführter Knall genügte, um die Diebe für die halbe Erntezeit zu verunsichern.

Eine weitere Zweckentfremdung der Pistole, die ursprünglich zur Vorführung auf südafrikanischen Weingütern gedacht war, geschah auf Wunsch der Senhora, denn es war beileibe nicht nur der kleine große Boß, der Ärger und Sorgen hatte. Ein Hausgarten zum Beispiel kann in den Tropen nervenaufreibend werden. Nicht nur, weil die Gurken manchmal halt keine Gurken bekommen, die Apfelbüsche*) Luftwurzeln statt Äpfel ansetzen, der Blumenkohl und die Reben nur Blätter treiben und der Salat schon in die Höhe schießt, ehe er Köpfe bildet, auch weil Kohlräble, Rote Rüben, Tomaten und Erdbeeren, die mit viel Mühe und Raffinesse trotz aller Schädlinge und Krankheiten hochgezogen wurden, im letzten Moment vor der Hausfrau von Affen geerntet, Vögeln weggeschnappt oder Büffeln zertrampelt wurden.

Ein ander Mal kam die Senhora ganz aufgeregt mit „O großer Gott, schaun Se nur mal unsere Bücher an!" zu uns und hielt uns einen halb verschimmelten Mörike unter die Nase. „Da wird's höchste Zeit, daß wir die wieder zum Trocknen

**) Es waren wirklich Büsche, denn wenn sie geschnitten wurden, trugen sie überhaupt keine Früchte.*

aufhängen!" Sprach's, holte die Wäscheleine und eine Stunde später flatterte selbst der hehre Hölderlin lustig wie sonst Socken und Handtücher in einer heißen, steifen Brise aus Südost.
Da wir schon dabei waren, sollte auch das Klavier gesonnt werden, doch war der Patrão nicht ohne weiteres dafür zu haben, daß ein oder zwei seiner Arbeiter für derart überflüssiges Klimbim herangezogen wurden. Bei einem seiner Sonntagvormittagskonzerte sah er aber doch ein, daß die Feuchtigkeit schon die Tasten klemmen ließ und der Schimmel der Ton- und Klangreinheit hörbar abträglich war. Dies könnte allerdings auch an dem Mäusenest gelegen haben, das in dem Instrument entdeckt wurde, als es endlich allenthalben geöffnet in der sengenden Sonne stand, um seinen Trocknungsprozeß zu beginnen. „Ach, diese Mäuse sind ja bloß halb so schlimm, was ihr da immer habt", tat Richard Oesterlen diese Entdeckung noch leicht zänkisch ab, um sogleich grinsend hinzuzufügen: „Da hätten Sie erst sehn sollen, wie der Mann auf der Post in Calulo geguckt hat, als ich mein altes Radio zum Abmelden ablieferte und eine Schlange herauskam! Hä, hä, hä."
Wir aber hatten auf einmal mehr Verständnis dafür, daß manche Leute immer mit einem Stecken in ihre Schuhe fuhren oder sie umkippten, ehe sie hineinschlüpften, oder das Bett untersuchten, ehe sie sich hineinbegaben.
In derart komischen Beschäftigungen wie dem Büchertrocknen erschöpften sich jedoch die Pflichten für die Senhora noch längst nicht. Für die vielen anderen Aufgaben von morgens bis spät abends sei nur auszugsweise alphabetisch angedeutet, was sie alles zu bekämpfen hatte:
Ameisen, Beulen, Cliquenwirtschaft, Dreck, Elstern (diebische), Faulheit, Geister, Hunger, Isolation, Kakerlaken, Lust auf Eis, Malaria, Nacktheit, Obszönitäten, Patrão, Querelen, Ratten, Sandflöhe, Startschwierigkeiten (bei Autos), Schlangen und Schnapsideen, Tabaksucht (eigene), Unwissenheit (u. a. als Lehrerin ihres Sohnes), Verderbnis aller Art, Wunden, Xanthippen (schwarze, zugunsten ihrer Männer), Zustände (allgemein).
Eine gleiche Leiter ergäbe sich unter der Frage, wofür sie jeden Tag zu sorgen hatte, von Abendessen über Chinin, filtriertes Wasser, Hühner, Mann und Papagei bis Zähne (falsche).
Wenn das alles geschafft war, eilte sie, um für die schwarzen Familien auf der Pflanzung noch ihre Loja, ihren Gemischtwarenladen, aufzumachen, um Seifen und Feuerzeuge, Stoffe, Hosen, Kerzen und Töpfe und Fensterglasbrillen und hundert andere Dinge unter heftigem, ebenso vergnüglichem wie ermüdendem

Feilschen zu verkaufen. Wenn sie endlich die Bude zuschließen durfte und erschöpft zu einem verdienten Likörle in ihren Sessel sank, konnte es sein, daß sie plötzlich wie von der Tarantel gestochen wieder aufsprang, wie in jener Nacht, als der eingesperrte Foxterrier Bimbo fürchterlich zu jaulen anfing. Mit einer Sprühdose voll Insektenspray rettete sie ihn noch rechtzeitig vor einem grausigen Tod durch einen Ameisenüberfall. „Von meiner Glucke und ihren Küken habe ich vor ein paar Jahren morgens nur noch ein Riesenknäuel Ameisen um die Knochen und einen Rest Fleisch gefunden!" räumte sie unsere Zweifel an der mörderischen Gefräßigkeit bestimmter Ameisen beiseite.

Der Tag begann für die Senhora um sechs Uhr. Da hatte sie als „Frau Doktor" zur Sprechstunde bereitzustehen, eitrige Geschwüre zu säubern, gebrochene Knochen zu schienen, Pillen zu verabreichen, Wunden zu verbinden, Spritzen zu verpassen und Augentropfen einzuträufeln. Pillen durfte man den Patienten keinesfalls im voraus mitgeben, weil sie sonst garantiert alle auf einmal verschluckten. Sie huldigten nämlich der Meinung, man gönne ihnen aus Geiz lediglich 1 Stück pro Tag.

Herrendasein der Kolonialisten? Manchmal erschien es uns eher als ein Dienerdasein.

Obwohl später in dem Kapitel „Schwäbisch auf Schwarz" extra auf die portugiesisch-kimbundu-schwäbische Sprachentwicklung eingegangen wird, seien zum Entzücken der Leser mit Schwäbischkenntnissen schon hier ein paar Kostproben aus Lumbungo verabreicht. Unterhaltungen mit Eingeborenen waren gespickt mit Ausdrücken wie gell, awa und heija, Sembel und Mensch Maier, so daß gewisse Anweisungen der Hausfrau, wie etwa „Duarto, du Dommerle, fica ruhig emol aqui" geradezu pikante Anklänge annehmen konnten, solange man zwar schon wußte, daß aqui hier heißt, noch nicht aber, daß ficar nur bleiben bedeutet ... So einfach ging es also nicht, wie es sich Werner machte, indem er eben der Spur nach übersetzte.

Wenn es mit dem Frühstücksei des Patrão zu lange dauerte, wurde die Mahnung wie folgt formuliert: „Ja du, Kambinsa, onde fica denn este ovo, Heiligsbimbam!" Oder wenn für irgendetwas mehr Wasser gebraucht wurde: „Mensch Maier, Alberto, precisa mais agua, gell – da cozinha, von dr Küche, heija, du Dommerle." Als aber die Senhora zu ihrem Senhor sagte: „Du Richard, wenn der Pastor wieder kommt, der Gauner, dann laß Dir bitte net wieder so e halb verendete Ziege andrehe", waren wir so schockiert, daß Frau Oesterlen fragte: „Was hen Se denn auf oimal?" Und dann schaltend: „Ach Jesses, este Pastor, des isch doch der alte

Ziegenhirte von Bumba!" Denn das portugiesische „pastor" ist eben nicht auch unser Pastor, sondern im eigentlichen Wortsinn der echte Hirte.
Da Frau Oesterlen, übrigens eingeschwabte Norddeutsche, früher einmal in Stuttgart Hauswirtschaftslehrerin gewesen war, konnten wir uns jeden Tag an einen, gemessen an den kargen Möglichkeiten geradezu lukullisch gedeckten Tisch setzen. Bircher Müsli zum Frühstück, Spätzle und Wild zum Mittagessen und abwechslungsreiche kalte Platte als Abendbrot, als Luxus manchmal noch ein Glas Cuca-Bier dazu – alles inmitten einer riesigen Wildnis ohne einen Supermarkt in der Nähe und ohne Gefriertruhe, das grenzte beinahe an Zauberei. Das einzige, was leichter zu beschaffen war, weil man's rund ums Haus herum holen konnte, war köstliches Obst in reicher Auswahl, als da sind Bananen, Papayas, Guajaven, Mangos, Grenadillas, Orangen, Ananas. Nur hatte auch hier nicht selten schon jemand vor uns geerntet, ohne gesät zu haben ...
Wenn wir einmal Lust hatten, etwas Einheimisches zu probieren, dann mußten wir schon zu Rehbergs auf die Nachbarpflanzung Ndanga „verreisen", denn Richard Oesterlen hätte „so einen Fraß" entrüstet zurückgewiesen. In Lumbungo war Muamba für Spätzle keine Konkurrenz, und uns hat's eigentlich einmal auch gereicht. Die Palmölsauce mit den frischen Zwiebeln, Entenfleisch und gebackenen Bananen wäre ja noch gegangen, aber das brennende Schindungu und der Fundschi-Papp aus Maniokmehl konnten uns keinesfalls als Daueranhänger gewinnen.
Zur Autarkie einer Pflanzung gehörte unbedingt ein Friseur. Wenn Sabalu der Kleine sein Werk an den auf einem Hocker vor dem Haus zusammengekauerten Schlachtopfern vollendet hatte, fühlte sich der Patrão wie ein junger Gott. Über uns aber lästerte er: „Ja mein Gott, wie sehen Sie denn aus? Da wird Sie ja der Bimbo gar nicht mehr erkennen!" In der Tat erlitten schönhaarige Jünglinge wie Rudi und Bernd „schiergar en Schlaganfall", wenn sie sich im Spiegel erst wieder finden mußten. Für den Verfasser war jedoch weit schlimmer, daß Sabalu mit seinem Geschnipfel nie zu Ende kam, weil die Haare rechts schon wieder gewachsen waren, bis er links auch fertig war.
Ob wir keine Angst gehabt hätten, unsere Köpfe dem Messer eines Schwarzen auszuliefern, wurden wir zuhause manchmal gefragt. Nun, bei Sabalu bestimmt nicht, denn er stand umgekehrt fürchterliche Ängste aus, weil er an die schauerliche Geschichte glaubte, die Weißen würden allen Schwarzen, die sie allein antreffen, den Hals abschneiden. Die Köpfe würden dann in Maschinen, Radios und dergleichen gesteckt, weil diese sonst nicht funktionieren könnten. Vor uns hatte

er allerdings keine Frucht, weil ja nur arme Weiße auf die gutbezahlten Köpfe angewiesen waren. Als Besitzer von mehr als zwei Hemden und sogar einem Auto schieden wir von vorneherein aus dem Kreis der Killer aus.
Obwohl Lumbungo exemplarisch für schwäbischen Bienenfleiß stehen könnte, gab es auch geruhsame Tage. Fleiß ist ja nicht Hektik, und so wie man früher abends noch e Weile uffs Bänkle vorm Haus gsesse isch, so hat man in Lumbungo nach der Siesta in der klösterlichen Stille der brütenden Mittagshitze manchmal unter den Ölpalmen eine Weile Federball gespielt oder ein erfrischendes Bad genommen. Dazu gab es in dem für die Kaffeeaufbereitung gestauten Wasser des über Felsen herabplätschernden Hausbachs eine recht romantische, von unaufhörlichen, monotonen Zikadenkonzerten begleitete Möglichkeit. Nur einen Nachteil hatte der winzige, natürliche Swimmingpool in dem von tausend Lichtreflexen schillernden kühlen Halbdunkel eines kleinen Urwäldchens: weil schon so geschehen, wartete man ständig darauf, neben sich den Kopf einer Schlange aus dem dunklen Wasser auftauchen zu sehen.
Oder wir stiegen auf den Hausberg, den Lumbungoberg, hinauf und schauten sinnierend auf das weiträumige und leere, unwirklich arkadische Bergland hinaus, kaum ahnend, wie nahe es vor der Hölle stand. Dieser Blick tat Richard Oesterlen am meisten wohl, bis er eines Tages wie von der schwarzen Mamba gebissen auffuhr. Außer für ihn war jedoch der Grund viel harmloser als eine Giftschlange: er hatte in meilenweiter Ferne ein rotes Hausdach in der schweigenden Einsamkeit entdeckt. „Das ist doch allerhand", zeterte und meckerte er ganz aus'm Häusle, „baut da einfach einer hin! Sie verstehn, nirgends hat man mehr seine Ruhe ..."
Zur Abwechslung machten wir wenigstens einmal bei jedem Lumbungo-Aufenthalt einen Besuch bei Lina Klein, die sogar hinter zweimal sieben Bergen auf Cuteca beim Longa-Fluß als Witwe hauste. Dafür mußten wir aber stets eine richtige kleine Safari ausrüsten, denn in Lumbungo hörte ja der Fahrweg auf, das heißt, daß von hier aus gesehen Cuteca noch hinter dem Ende der Welt lag. Dorthin gab es nur noch einen von Büffeln und Leoparden bedrohten Negerpfad mit kaum beschreiblichen strapaziösen, langen und steilen Auf- und Abstiegen über zerklüftete, felsige Abstürze. Daß die Schwarzen hier auch noch zentnerschwere Lasten auf dem Kopf jonglieren konnten, nötigte uns Bewunderung und Mitgefühl ab. Manchmal mußten sie sogar bis in unsere Tage Weiße, die schlecht zu Fuß waren, in der primitiven Tippoia, einer an einem langen Bambusrohr schaukelnden Hängematte, über dieses zermürbende Auf und Ab tragen. In solchen

Fällen war freilich nicht mehr sicher, ob die stolpernden Träger oder die „verschaukelten" Getragenen die größere Tortur aushalten mußten.
Uns erschien die Tippoia einfach als eine Gaude, die wir gern auch einmal erleben wollten. Unter dem mißmutigen Gebruddel des großen und kleinen Sabalu gruben wir das verstaubte Möbel in einem Schuppen aus. Das Modell Oesterlen war jedoch nicht nach der Hängemattenform, sondern nach der etwas bequemeren Sesselform gearbeitet, das heißt, daß zwischen zwei parallelen Bambusträgerstangen ein Korbsessel montiert war. Da sich der Patrão nicht zum Einsteigen bewegen ließ, opferte sich Anke Hähnle, obwohl sie gern mit heilen Gliedern nach Bietigheim zurückkommen wollte. Vor allem das Aufheben der schwankenden Trage vom Boden war ein Bild zum Schießen. Krampfhaft hielt sich Anke fest, als die primitive Sänfte für einen Moment zu kippen drohte – ein Moment, auf den der spitzbübische alte Herr innerlich freudig zu warten schien. Jetzt war es keine Frage mehr, warum sich der Unverwüstliche für „untragbar" erklärt hatte.
Lächerlich zu wirken, mußte ein Patrão vor den Schwarzen vermeiden. Aber Richard Oesterlen konnte sich sogar das erlauben. Beim Fußballspielen mit den „Jungen" auf dem Trockenplatz machte der kleine „Nur-Haut-und-Knochen"-Mann gewiß keine glückliche Figur und wurde nachher trotzdem wieder ernst genommen, besonders wenn er – bestimmt unter inwendigem Grinsen – ein paar so markerschütternde Brüller losließ, daß der gesamte Kaffeewald davon widerhallte. Im übrigen erschöpfte sich sein fußballerischer Ehrgeiz darin, einmal kurz und blamabel dazwischenzufahren und den Ball statt aufs Tor unter dem Gejohle der schwarzen Kicker unauffindbar „nebenaus" ins Dornengestrüpp zu schießen.
Zur Rehabilitierung der mißglückten Stürmerleistungen des Herrn von Lumbungo sei angefügt, daß er es manchmal mit sagenhaften fußballerischen Naturtalenten zu tun hatte, wie unserem kleinen, aber drahtigen und wendigen Freund Figueiredo, kurz Figo genannt. Der blutjunge Bursche spielte bei einem schwarzschwäbischen Wetz sogar mit den beiden Klassefußballern Heiner und Bernd respektlos Katz und Maus. Nur an Muskeln fehlte es ihm noch, das war leicht zu erkennen, denn meist trug er als einziges Kleidungsstück sehr lädierte, ehemals weiße Shorts, die so winzig und „angeklebt"* waren, daß sie eigentlich keinen

*) *Cyprien Komlan aus Togo hat in Freiberg einmal erzählt, in seiner Heimat seien die Kolonialeuropäer gern so typisiert worden: Wer „angeklebte", nämlich hautenge Hosen trägt, ist ein Franzose oder Portugiese, wer in seinen Hosen „schwimmt", weil sie viel zu weit sind, ist ein Engländer, und wer in Hosen wie aus Eisen, nämlich in ewig haltbaren Lederhosen steckt, ist ein Deutscher.*

Zweck mehr erfüllten, weil das, was verdeckt werden sollte, der enormen Größe wegen unübersehbar doch nicht recht Platz darin fand. „Des könnt e neuer Eusebio werde", erklärte Heiner fachmännisch. Aber wer hätte Figo in diesem verborgenen Winkel entdecken sollen? Und als der fußballunsachverständige Verfasser zuhause davon erzählte, grinste man nur: „Jetzt will der uff oimol au no ebbes von Fueßball verschtehe!"

Bis zum bitteren Ende

Dreimal im Verlauf von 20 Jahren mußten wir in Lumbungo Abschied nehmen. Welcher Seite es jedesmal schwerer fiel, ist nicht zu ergründen, weil jeder so tat, als sei er völlig ungerührt. Der Patrão schluckte mehr als er redete, Kann-se's-au schüttelte schnalzend unaufhörlich den Kopf, Kareschma fing fast zu heulen an und wollte unsere Hand gar nicht mehr loslassen, und die Hausfrau hielt sich wohlweislich mehr im Hintergrund. Werner spielte den Eisernen und brummte: „Die Rallerei fehlt mr grad no", obwohl es bei ihm selbst verdächtig feucht um die Augen schimmerte. Im Verleseraum hörte das ewige Schnattern, Rätschen und Singen auf und die ganze Schar der Frauen und Mädchen rief uns im Chor offenbar nicht unschmeichelhafte Dinge nach. Auch in Bumba rannte von der liebenswerten portugiesischen Verwaltersfamilie Narciso bis zum kleinsten schwarzen Stöpsel alles winkend, schreiend und singend zum Abschied zusammen.
Warum den unmittelbar Betroffenen das Auseinandergehen jedesmal schwerer fiel, kam nicht zuletzt von der ungewissen Zukunft der portugiesischen Überseebesitzungen und der zunehmenden, mit den Kongo-Wirren zusammenhängenden Unruhe in Angola selbst. Immer stand im Hintergrund die unausgesprochene bange Frage, ob man sich hier oder überhaupt noch einmal wiedersehen werde, oder ob Lumbungo eines Tages als Kaffeekolchose enden müßte.
Wie sehr die Angst insgeheim schon um sich griff, spürten wir bei dem verheerenden Buschbrand im Juli 1960. Ein so katastrophales Feuer habe es nie gegeben, meinte der Patrão, da könne durchaus Sabotage im Spiel sein. Kein Wunder, daß der unheimliche Feuersturm, der sich über Berge und Täler fraß, wie ein unheilvolles Fanal auf uns wirkte, daß die gewaltigen Rauchsäulen, die drei Tage lang die Sonne verfinsterten, einem Menetekel gleich von dem ausgedörrten Land aufstiegen und der Ascheregen vorübergehend die reinste Untergangsstimmung

aufkommen ließ. Was im Patrão vorging, war nicht zu erkennen, wir sahen ihn nur wie nie zuvor im Einsatz an allen uns einkreisenden Feuerfronten, Gegenbrände entfachen, neue Feuerschutzstreifen anlegen lassen, im beißenden Qualm die meterhohen, rasenden und sengenden Feuerwände mit Palmwedeln niederschlagen, das Überspringen der Feuerwalze über Wege und Brandstreifen verhindern. Vier Tage lang kam er nicht aus den Kleidern, bis die Gefahr für Lumbungo abgewendet war. Mit roten, tränenden Augen, verdorrter Haut und verbranntem Haar sanken wir schließlich todmüde und erschöpft um, nur der Patrão nicht.
Mit dem üblichen Abbrennen des dürren Grases hatte dies nichts mehr zu tun. Zumindest war das Feuer irgendwo der Kontrolle entglitten und hatte die Ausmaße einer elementaren, bedrückenden Katastrophe angenommen. Brennendes Land, verbrannte schwarze Erde, blutroter Nachthimmel über dem gespenstischen Krachen und Knistern des Feuers, wilde Flucht der Tiere vor den züngelnden Flammenfronten, der trostlose Anblick der verkohlten Bäume, glimmende, glostende, qualmende Erde so weit das Auge reichte – diese schaurig-schönen Bilder haben sich uns unauslöschlich eingeprägt. Mutterseelenallein, irgendwo plötzlich fast eingeschlossen von dem tobenden Inferno, wurden wir die Frage nicht mehr los: hat vielleicht der Aufstand schon begonnen?
Wie begründet diese meist verdrängte Furcht war, bestätigte sich schon bald nach unserer zweiten Abreise im September 1960. Schon ein paar Wochen vorher, noch während der Ernte, war etwas für Lumbungo schier Unfaßliches passiert: in das Gästehaus, das auch nachts sperrangelweit offen stand, waren Diebe gekommen und hatten ungefragt einen Teil unserer Kleidung mitlaufen lassen. Schlimmeres konnten wir verhindern, weil wir aufwachten. Aber der Patrão war außer sich; wahrscheinlich sah er schon damals in diesem an sich kaum nennenswerten Vorfall einen Vorboten kommenden Unheils, das wenige Monate später grausiger als befürchtet losbrach. Unter dicken Schlagzeilen lasen wir in Südafrika niedergeschlagen und sorgenvoll davon. Auch Oesterlens wäre es beinahe an den Kragen gegangen, aber sie konnten buchstäblich in letzter Stunde von portugiesischem Militär gerettet werden. Im Mai 1961 erreichte uns in Pretoria ein Brief des Patrão mit vielen schlechten Nachrichten und daher wenig hoffnungsfroh. Frau Oesterlen reiste mit dem kleinen Bernd nach Deutschland zurück, weil sie der Nervenbelastung durch die ständige Angst nicht mehr gewachsen war. Später wurde es in Angola für viele Jahre wieder ziemlich ruhig, aber mit dem friedlichen, verträumten Arkadien war es endgültig vorbei.

Im Oktober 1969 kamen wir noch einmal nach Lumbungo. Der nun 74jährige einsame Patrão war arg enttäuscht, daß wir nur für ein paar Tage bleiben konnten. Weil wir in Aussicht standen, hatte er extra einen neuen Landrover gekauft, den er uns für Studienfahrten zur Verfügung stellen wollte. Doch zu mehr als einer traumhaften Tour durch das zu grünen und blühen beginnende Land bis zur Küste nach Novo Redondo reichte es leider nicht. Dann gab es wieder einen wehmutsvollen Abschied. Obwohl Lumbungo und Bumba ihren schönsten Schmuck angelegt hatten – denn in der Nacht vorher war das tagelang ersehnte Ereignis eingetreten, daß Millionen Kaffeeblüten wie in einer lautlosen Explosion aufgebrochen und wie weißer Schnee auf die Pflanzung gefallen waren – erschien uns der tapfere alte Mann ernster und trauriger als je zuvor und zum ersten Mal ein wenig resignierend. Er hat wohl geahnt, daß es auf diesen Abschied kein Wiedersehen mehr geben würde.
Genau sechs Jahre später, nachdem die revolutionären Ereignisse in Portugal auch in Portugiesisch-Afrika einen schnellen Umsturz herbeigeführt hatten, war er tot. Wann genau, wie und warum er gewaltsam in seinem angestammten, selbst gezimmerten Tropensessel ums Leben kam, war noch in den Tagen, da diese Zeilen geschrieben wurden, nicht bekannt, und vielleicht wird man es nie mit letzter Gewißheit erfahren. Aber als wir es schwarz auf weiß vor uns hatten, daß er „in Angola auf seiner Pflanzung, auf der er bis zum Schluß ausgeharrt hatte, kurz vor seinem 80. Geburtstag ein Opfer der Wirren des Bürgerkriegs" geworden war, schämten wir uns nicht mehr der Tränen um einen einzigartigen Kolonialpionier, einen gegenüber Schwarz und Weiß unter stachliger Schale letztlich doch stets humanen und in Stärken und Schwächen liebenswerten alten Freund.
Wir hatten gewußt, daß er, wenn es irgendwie ging, seine geliebte Zuflucht Lumbungo nicht mehr verlassen würde. So war er in seiner letzten Stunde wieder, wie so oft, allein, nachdem die meisten Weißen sich fluchtartig aus Angola zurückgezogen hatten. Nur Lina Klein war noch in seiner Nähe, ohne zu ahnen, was sich in den Bergen jenseits des Longa abspielte. Doch am bittersten muß es für Richard Oesterlein gewesen sein, daß er als friedlicher Mensch in seiner afrikanischen Heimat nicht auch ein friedliches Ende finden durfte. Aber wenigstens wird er auch im Tod ein Teil von Afrika und seinem Lumbungo bleiben, mit dem er schon ein Leben lang untrennbar verbunden war.

Schorsch von Flein

Vom Neckar zum Omuramba Omatako

Schorsch Diebolds südwestafrikanische Existenz ist unser zweites Paradebeispiel, wenn es Schwäbisch Afrika zu belegen gilt. Es ist jedoch Lumbungo in vielerlei Hinsicht diametral entgegengesetzt. In Schorsch sind wir 1958 nicht einem erfahrenen, gereiften alten Mann, sondern einem jungen, lausbübischen, aber auch fleißigen und kameradschaftlichen Burschen mit nicht zu übersehender abenteuerlicher Note begegnet, wobei unter abenteuerlich eine Art geistigen Globetrottertums durch alle Regionen menschlicher Möglichkeiten und Phantasien verstanden werden soll. Außerdem hat er seine Heimat, den berühmten Weinort Flein am Rand des Neckartals bei Heilbronn, mit einer Gegend vertauscht, in der es nicht einmal genug Wasser gibt. Deutschlands einstige erste Kolonie bot also weder für Kaffee noch für Kokospalmen oder Orangen eine Chance. Ein gelernter Agrarier konnte dort weithin nur eine Möglichkeit zum landwirtschaftlichen Überleben finden, wenn er sich der Viehzucht hingab. Und sogar sie ist in diesem Land eigentlich ein Wunder.

Ein anderer gravierender Unterschied zeigte sich im „Plane machen", wie man in Südwest zu sagen pflegte, und wenn es nur darum ging, was zum Mittagessen getrunken werden solle. Während Schorsch euphorisch leicht- und schwerwiegendem Planungsfieber erlag, hielt es Richard Oesterlen längst mit Bert Brecht, den er bei allen mehr oder weniger passenden Gelegenheiten mit einer überzeugenden Mischung aus Begeisterung und Ironie zitierte: „Ja, mach' nur einen Plan und sei ein rechtes Licht, und mach' noch einen zweiten Plan, geh'n tun sie beide nicht ..."

Die Aktivitäten von Schorsch erstreckten sich einige Zeit lang über einen weiten Raum im Norden, da seine Eltern bereits in dem Minenstädtchen Tsumeb ansässig waren, als er von Deutschland nachkam. Die Flüsse, die dieses Gebiet begrenzen, sind vom Neckar arg verschieden und genau genommen gar keine Flüsse, denn es fehlt ihnen ihr wichtigster Bestandteil, nämlich das Wasser. Nicht einmal Abwasser ist in ihnen festzustellen, geschweige denn grüne Wiesen und heitere Weinberge an den Ufern. Aber wenn's gut geht, werden sie wenigstens für ein paar Tage im Jahr von einem Wolkenbruch der Regenzeit in Gang gesetzt, viel-

Schorsch mit seinem Paradebullen Oskar.

Gewichtiger Gruß aus dem Weltraum: der Meteorit von Hoba.

Schwäbisch-schwarzes Gruppenbild mit Motorrad in Tsumeb.

Stimmungsvolle Braaivleis-Nacht in der Wildnis.

leicht sogar mit reißenden Fluten. Mit anderen Worten, sie stellen eine Form der Trockentäler wie die Wadis dar, die im afrikaansen, also holländisch-burischen Sprachgebrauch „riviere" heißen, hier oben zwischen Waterberg und Okavango jedoch nach der Sprache der Eingeborenen als „Omuramba" bezeichnet werden. In diesem weithin ebenen, vegetationsreicheren Teil von „Südwest" sind die Omurambas freilich manchmal so flach, daß sie für den Unkundigen in der Landschaft kaum als Trockenflußbett zu erkennen sind. So wäre also durchaus denkbar, daß ein Fremder selbst den Rhein und die Donau dieser Gegend, den Omuramba Ovambo, der gegebenenfalls in der Etoscha-Pfanne versickert, und den Omuramba Omatako mit seinem 600 Kilometer langen Weg zum Okavango glatt übersieht.
Wie wir eigentlich an die Familie Diebold geraten sind, wissen wir gar nicht mehr genau. Wenn wir uns recht entsinnen, hat Landwirtschaftslehrer Daub in Kirchheim am Neckar dabei eine Rolle gespielt. Ganz genau wissen wir dagegen noch, daß wir zum ersten Mal 1958 im Februar, nach einer Schreckensfahrt durch das überschwemmte Südangola und Ovamboland ins Haus Diebold in Tsumeb kamen. Wenn man sich nach wochenlangen Strapazen mit Hunger, Durst und Nervenkitzel plötzlich an einem weiß gedeckten Tisch mit Spätzle und Sauerbraten wiederfindet, dann kann man das einfach nicht mehr vergessen. Seither gehörte daher die Familie Diebold zum Soll eines jeden unserer Aufenthalte in Südwestafrika, und die Bergbauinsel Tsumeb wurde damit für uns wie später Karibib zu einem günstigen Stützpunkt für unsere Exkursionen. Außerdem lernten wir so das hübsche, schachbrettartig angelegte Gartenstädtchen als einen der interessantesten Punkte des südwester Wirtschaftslebens kennen, denn schließlich sitzt Tsumeb auf fast unermeßlichen Schätzen vor allem an Kupfer, Blei, Zink und Germanium, die in einem sich in die Tiefe immer mehr verbreiternden erzhaltigen Kegel lagern.

Drahtzieher Schorsch

Unauslöschlich prägte sich Schorsch uns zuerst als Drahtzieher ein. Als wir ihn von Tsumeb aus zum ersten Mal draußen auf der Farm Aukas bei Grootfontein trafen, war er gerade damit beschäftigt, mit Unterstützung durch wenig salonfähige, dafür aber um so phonstärkere Fleiner Kraftausdrücke, die weithin über den

Busch schallten und uns den Weg wiesen, einen neuen Grenzzaun zu ziehen. Dieser war übrigens so lang, daß man damit bestimmt ein paar hundert „Schtückle" oder „Güetle", anderswo als Schrebergärten bezeichnet, hätte einzäunen können.

Der zweite typische und sich von Besuch zu Besuch verstärkende Eindruck war der des Naturburschen, eines Unzivilisierten im besten Sinn, dem es außerordentlich schwer fallen müßte, wenn er eines Tages wieder in unsere mitteleuropäische Welt hineingezwungen werden sollte. Schorsch lebte mit Bullen, Rindern und Ochsen, später auch mit Frau und Kindern in einer Naturverbundenheit und Natürlichkeit, für die ein Wellblechdach über dem Kopf schon genügte, wenn wenigstens noch ein Kühlschrank, Tische und Stühle, Betten und einige Flaschen Wein und Whisky darunter standen.

Seine Freude und sein Stolz erreichten den Höhepunkt, wenn er – endlich auf der eigenen Farm Zunis – mit seinem Prachtbullen Oskar vor der Kamera posieren, mit seinen unbändigen Kindern herumtollen, zu Pferd oder zu Traktor mit seinem Hund durch den dornigen Busch jagen oder seinen Gästen irgendeinen Streich spielen konnte. Die Vermutung, daß auch die Schlange, die Anke Hähnle kopfüber und hosenunter aus dem abseits gelegenen Örtchen stürzen ließ, von seiner Hand dort aufgehängt worden sei, entbehrte jedoch jeder Grundlage. Immerhin war das schreckenerregende Tier lebendig, sehr giftig und höchst gewandt. Übrigens war nach diesem Vorfall vorläufig weit und breit keine der beiden Schlangen wiederzufinden. Die zweibeinige soll dem Hörensagen nach sogar einen ganzen Tag lang jeden weiteren Gang zu dem gewissen Häuschen mannhaft unterdrückt haben.

Frau Marlies war in diesem unruhigen Haus der ruhende Pol. Wenn nötig, brachte sie sogar Schorsch sanft, aber bestimmt wieder auf den Boden der Wirklichkeit zurück. Denn das war Schorsch auch: ein ewiger Pläneschmied mit immer neuen Ideen von Simmenthaler-Invasionen nach Südwest bis zu dem Gedanken an eine Pflanzung mit mehrjähriger Baumwolle (Simmenthaler Vieh aus Blaufelden hat sich übrigens durchaus angepaßt und bewährt). Als er unsere Weinbergpistole von Zink in Cleebronn sah, die bereits in Lumbungo Aufmerksamkeit erregt hatte, wollte er unbedingt eine Importfirma dafür gründen. Mit dieser nachweisbar harmlosen Pistole, meinte er, könnten die Farmer durch den Kanonenschlageffekt und ohne in falschen Verdacht zu geraten, die gesetzlich geschützten Elands von ihren Farmen verjagen, wo sie dem Vieh das sowieso schon knappe

Futter wegfraßen. Den Einwand „wenn aber alle knallen, wo gehen dann die Elands hin?!", tat er mit einer Handbewegung ab: „Nô gwinnt halt der, der am meischte ballert." Und unverzüglich instruierte er seinen Buschmann Anton in der Handhabung der neuen „Waffe".
Auf der andern Seite zeigte sich Schorsch als ewig vorsichtiger und deshalb unentschlossener Zauderer, was aber nur zu verständlich ist, wenn man sich vor Augen hält, daß sich halt net gleich tausend Ideen auf einmal verwirklichen lassen.

Haus der offenen Tür

Im friedlichen Afrika waren alle Behausungen Häuser der offenen Tür. Erstens hatten sie oft gar keine Türen, und wenn, dann waren sie meistens nicht geschlossen. Dieser Zustand darf auch als äußerer Ausdruck einer Gastfreundschaft gelten, wie sie in diesem Erdteil wie nirgends sonst ausgeprägt war und die erst unter dem Einfluß der „neuen Zeit" langsam ihren herzlichen, restlos offenen Charakter verliert. Sie kam auch keineswegs nur bei den Schwarzen vor, sondern bestand weithin genau so bei den Weißen, solange sie noch nicht von Unabhängigkeitsbewegungen verunsichert wurden. Selbst die Schwaben in Afrika machten da keine Ausnahme.
Man stelle sich einmal vor, was das heißt! Ein schwäbischer Haushalt ohne Glastür, ohne Sicherheitsschlösser, ohne doppelt gesicherte Läden, ohne Klingel und Spezialverriegelung. Keine unnahbaren Festungen mit Alarmanlage, sondern offene, jederzeit jedermann selbst bei Nacht zugängliche Häuser, vor denen höchstens ein Hund den Besucher anbellte, und auch das meistens nur, wenn dieser schwarz war.
Das Haus Diebold, nur ebenerdig, wie fast alle in Tsumeb, und wie üblich von Maulbeerbäumen, Pfirsichen, Zedern, Zypressen, Pappeln und sogar Bananenstauden beschattet, dieses Haus Nr. 736 in der 7. Straße war gewiß eines der offensten in ganz Südwest. Vor allem als Mutter Diebold aus Gesundheitsgründen nach Deutschland zurück mußte und Schorsch noch nicht verheiratet war, machte Diebolds Männerwirtschaft, bestehend aus Vater, Sohn und Freund Werner Leibold beinahe den Eindruck eines schwäbischen Junggesellenclubs. Wer auf Glücksuche von Stuttgart oder Göppingen via Tsumeb unterwegs war, wer als junger Minenangestellter schwäbisch-bayerisch-fränkisch-pfälzischer Herkunft in der kleinen

Bergwerksstadt kein rechtes Zuhause hatte, wer sich nach Umgang mit Landsleuten bei Alkohol und Dauerwurst, Hühnerschlegeln, Hasenbraten, Pfannkuchen, Biltong oder Kudu-Tatar sehnte – bei Schorsch war immer geöffnet, gab es immer etwas zu trinken und zu futtern.
Im Südwinter 1963 beispielsweise hing der Himmel im Haus Diebold nicht etwa voller Geigen, sondern voller Hartwürste, denn wenn Schorsch etwas machte, dann ging er gleich aufs Ganze. Das Rohmaterial war in rauhen Mengen da, und nun fabrizierte er Würste auf Teufel komm' raus, bis auch das letzte Restchen Kudufleisch und Schweinespeck verwurstelt und die Dauerwurstversorgung bis auf Jahre hinaus gesichert war. Nur ein Problem hatte er außer acht gelassen, wo nämlich das Wurstvorratslager eingerichtet werden sollte. Doch Schorsch fand auch dafür eine Lösung. Wo es im Haus etwas zum Aufhängen gab, wurde eine Wurst aufgehängt. Schließlich baumelten sogar von den Zimmerdecken Dutzende, wenn nicht Hunderte von Würsten. Das ganze Haus duftete wie eine Räucherkammer und jeden Tag gab es morgens, mittags und abends Hartwurst zu essen – war das nicht herrlich einfach? Nicht einmal Geschirrspülen war zwingend notwendig.
Wenn man morgens aufwachte, blickte man zuerst in die Fettaugen der Hartwürste. Wollte man sich gähnend ausstrecken, fuhr man leider nicht an die zarte Haut einer Bettgenossin, sondern an die runzlige Pelle einer Hartwurst. Wohin man sah, wohin man griff, wohin man trat – Hartwürste, nichts als Hartwürste. Der letzte Blick abends war wieder der Hartwurstblick, denn es war wie in einer Hartwursthöhle. Kein Wunder, daß die Würste allmählich zum Alptraum wurden – nur nicht für Schorsch. Er war glücklich über seine „stief" Würste und sie schmeckten ihm jeden Tag aufs Neue. Und wenn sie noch nicht alle sind, schmekken sie ihm bestimmt noch heute ...

Milchzeit und Pfannkuchen-Orgie

Ähnlich wie diese Wurstperiode hatte es zu Schorschs Zeit in der Dairy der Tsumeb Corporation eine Milchperiode gegeben. Damals glich sein Haus dem Märchenland, in dem Milch und Sahne, anstelle von Honig, flossen. Wir wurden regelrecht mit eisgekühlter Milch traktiert, so daß wir, obwohl in einem durstigen Land, in dieser Beziehung doch froh waren, als die Milchzeit überstanden war und

in Karibib im Bottle Store die Bierzeit anbrach, von der später die Rede sein wird.
Unter den nahrhaften Ereignissen und im Zusammenhang mit der Milchschwemme in Schorschs Schwabenstube muß unbedingt eine Pfannkuchen-Orgie geschildert werden, die der ebenfalls später aufgewärmten Spätzlesstory nicht nachsteht. Erster Akt der Orgie war die Herstellung, bei der Schorsch weder mit der Verwendung von Mehl noch Eiern kleinlich war. Es genügte ihm nicht einmal, was an Vorrat in Haus, Hof und Nestern aufzutreiben war, er versuchte bei einigen eingefangenen Hühnern sogar, deren noch ungelegte Eier mittels geeigneter Handhabung vorfristig zur Vergrößerung seines „Eierstocks" für den Pfannkuchenteig zu gewinnen und diejenigen Eier zu ersetzen, die schon zu langfristig in einer heißen Ecke des Dieboldschen Krals geschmort hatten und dementsprechend schon etwas lebendig waren. „I will Pfannekuche ond koine Flädle", war sein einziger Kommentar dazu.
Was Schorsch recht war, war Werner in puncto Fett billig, mit der Konsequenz, daß in dem auf einmal geschmolzenen Pfund Butter die Pfannkuchen buchstäblich herumschwammen und bei jedem Versuch, sie mittels einer Gabel zu bewegen oder gar umzudrehen, auseinanderbrachen. Werner Leibold, nunmehr der Einfachheit halber Werner 2 genannt, gelang es zwar einige Male, die genüßlich erwartete Eierspeise zum Umdrehen in die Luft zu werfen, doch leider flog sie dabei jedesmal nicht nur hoch, sondern auch auseinander und landete in Fetzen auf dem Boden (womit wenigstens Hund und Katze gleich versorgt waren).
Als Endergebnis lagen auf zwei Riesenplatten Berge von gräßlich zerstückelten Teiggebilden, die beileibe nicht mehr den Anspruch auf die Bezeichnung Kuchen erheben konnten. Eher glichen sie einem Haufen „Zammescherretse" (hochdeutsch = Zusammengescharrtes) aus der „Prägeleskachel" (hochdeutsch nur mit der Umschreibung Bratkartoffelkachel wiederzugeben). Der Menge nach reichte die Produktion statt für fünf mindestens für 15 Personen, denn Werner 1 hatte auf hausherrlichen Befehl solange neuen Teig rühren müssen, bis auch das zusätzlich noch erhitzte Liter Öl verbraucht war, das Schorsch mit den Worten „Pfannekuche brauchet Fett" in die Pfanne geleert hatte.
„Des sen doch net zviel", entschied er ungerührt ob des Berges auf den Platten, „ond wenn, nô hole mr oifach no dr Roland ond der Horscht ond der Eugen!" So gesagt, so getan, und zu mir gewandt bestimmte er weiter: „Ond du machsch en dr Zwischezeit no e Fleischbrüh ond dusch die übrige Eier nei!" Aber auch hier blieb

das Ergebnis unbefriedigend. Hartnäckig und konstant blieben Fleischbrühe und Eier trotz emsigen Rührens fein säuberlich getrennt: auf der reinen Fleischbrühe schwammen dicke, feste Eiweißbollen. Aber Werner 1 rettete mich diesmal vor Schorschs Hohn und stellte gelassen fest: „So muß es sei, so schteht's em Kochbuch."
Als wir endlich zum Verzehr der verunglückten Pfannkuchen schreiten konnten, waren sie trotz der Hitze des Tages bereits kalt. Schnell ließ einer nach dem andern die Gabel wieder sinken. Im 2. Akt konnte von einer Orgie nicht mehr die Rede sein. „Was hen denn ihr?!" fuhr uns Schorsch an. „Ha, dô hättsch ons jô glei en Bolle Schmalz nâlege könne", stichelte Roland, und „dô wird's oim jô nach dem erschte Bisse scho schlecht", unterstützte ihn Horst. Aber Schorsch wußte wieder Rat: „Ach was, dô fehlt oifach e Gallone Wein drzue." Da aber insgesamt zwei Gallonen im Haus waren, fehlten nachher eben zwei. Am andern Tag gab's jedoch trotzdem noch eine kulinarische Neuheit: nach einer angeblichen Flädlesupp' aufgwärmte Pfannekuchebreckel mit Kohlenstoff garniert (Breckel dürfte sich von Brocken ableiten). „Eich mach i nomôl Pfannekuche . . .!"
Ja, so war das mit Schorsch. Mochte er nach außen auch als Rauhbauz erscheinen, in Wirklichkeit war er eine Seele von Mensch. Bei allem, was er tat, hatte er zwar bisweilen e bißle Unsinn im Sinn, sonst aber nur Gutes, wenngleich es manchmal schwer daneben ging. „I hol' gschwend e Bier", konnte er sagen, kam aber erst einen halben Tag später ohne Bier wieder, dafür mit der frohen Botschaft, daß sein schwarzer Lukas ihm berichtet habe: „Mister, jetzt ich haben eine Bulle!" Als er unsere verständnislosen Gesichter sah, klärte er uns folgendermaßen auf: „Mann, jetzt hat der Gsell nach fünf Mädle endlich en Bua kriagt! Ha, dô han i doch gschwend oin mit ihm hebe misse! Ond nôchher han i em Mine-Hotel noch dr Richard Seeger troffe, des isch e Dieselmechaniker aus Neuenbürg, der war früher uff einer Sisalpflanzung in Ostafrika. Dô hen mr nadierlich au nomôl oin ghobe." U n s e r „Hebe-Mittel" hatte er inzwischen längst vergessen.

Braaivleis-Nacht am Omumborombonga

Bei Schorsch und von Schorschs Haus aus haben wir sehr viel Wissenswertes erfahren und außer Pfannkuchen- und Spätzles-Festivals auch unvergeßliche Stunden echter Kameradschaft und zauberhafter Romantik der Wildnis erlebt. So

machten wir schon 1958 durch Schorsch Bekanntschaft mit Dr. Scheels Viehfarm Hoba, die uns durch zwei Dinge ein für allemal beeindruckte. Das erste „Ding“ war dort einmal vom Himmel gefallen und liegt als weltberühmter „Meteorit von Hoba“ beinahe vor der Haustür des zweiten bemerkenswerten „Dings“, des komfortablen Farmhauses, das uns in seiner urweltlichen Umgebung wie eine glanzvolle Hollywood-Villa vorkam. Das von Rasenflächen und bunten Blumen umgebene rote Backsteinhaus mit den weiß gestrichenen Fenstern und dem beinahe beängstigenden Fernblick zwischen ein paar Palmen hindurch auf die Unendlichkeit der Buschebene wirkte auf uns wie ein winziges, verlorenes Inselchen der Zivilisation in einem riesigen, erstarrten toten Meer der Lebensfeindlichkeit. Sobald wir jedoch den Blick hinaufhoben zu dem typischen südwester Himmel mit den herrlichen Haufenwolken, die als gigantische, unten alle gleichmäßig abgeplattete Wattebäusche majestätisch durch die Himmelsbläue segelten, dann wurde uns sofort wieder ganz leicht ums Herz. Und noch leichter, wenn wir uns ins klare, frische Quellwasser der beiden großen, in die Erde eingelassenen Wasserspeicher fallen ließen, die gleichzeitig als ideale Schwimmbassins fungierten, schön in der Hitze des Tages, noch schöner nachts im gleißenden Silberlicht des Vollmonds. Wenn uns fröstelte, zündeten wir noch um Mitternacht am Rande des kreisrunden Beckens mit seinen wohl zwanzig Metern Durchmesser ein mächtiges Lagerfeuer an und träumten uns, nicht zum ersten und nicht zum letzten Mal, in die Illusion einer reinen, heilen Welt hinein. Einmal sorgte jedoch die Afghanenhündin Schiwa für eine abrupte Rückkehr von der Traumnacht auf den Boden der Wirklichkeit, indem sie uns neun Junge buchstäblich vor die Füße warf.
Auf Hoba begegneten wir zum ersten Mal Werner Leibold, von irgendwo im Fränkischen. Mit kaum zwanzig Jahren verwaltete er in der Nähe die Viehfarm seines alten Onkels, die er später erbte. Begreiflicherweise fühlte er sich etwas einsam und blieb daher bis zum andern Tag. Gemeinsam und von den beiden Afghanen Cäsar und Schiwa begleitet ritten wir in der Morgenkühle zum Meteoriten, dem größten auf der Erde bekannten Bruchstück eines Meteors. Der gewichtige Gruß aus dem All besteht aus reinem Nickeleisen und wiegt mehr als sechzig Tonnen. Als wir bei späteren Reisen wieder hinkamen, hatte die zunehmende Touristenaktivität, insbesondere in Form von Versuchen, mit Schneidebrennern Souvenirs abzuschneiden, schon dazu gezwungen, den geheimnisvollen Klotz als geschütztes Naturdenkmal einzuzäunen. Aber auf Hoba erhielten wir stets gern den Schlüssel, so daß 1969 Anke Hähnle zum Trost für

den vorhergehenden Schlangenschock von Zunis als Sternschnuppenpilotin posieren durfte. Auch diesmal war Werner 2 wieder dabei, aber zum Unterschied von 1958 als glücklicher Familienvater und Mercedesfahrer. Jetzt verschwand er aufheulend in einer Staubwolke nach Alfredshöhe – damals war er mit seinem Schimmel in die schnell heraufziehende Nacht weggeritten und wie ein Schemen lautlos und schnell im dunklen Busch verschwunden. Bald wird nirgends mehr ein Plätzchen für Romantik sein . . .

Ein anderer Höhepunkt war die große Braaivleis-Nacht, die wir im September 1960 zu zwölft bei einem gewaltigen Omumborombonga-Baum auf Schorschs damaliger Viehfarm, etwa acht Meilen von Tsumeb entfernt, feierten. Zu den zwölf Mannen unter der „südafrikanischen Eiche" (Germann) gehörten das Stuttgarter Duo Roland Digeser, Paulinenstraße, und Horst Münch, weiter der Göppinger Weltenbummler Eugen Kälberer sowie als „Randschwaben" der Söllinger Heinz Becker und Werner 2. Der Rest setzte sich aus Nichtschwaben zusammen, die dank bereits erwiesener Anpassungsfähigkeit an unsere Normen großmütig zugelassen worden waren. Außer Mannen verfrachteten wir noch das ewig lachende kleine Luder Rebekka und die sich sehr mondän gebärdende Elisabeth auf die Lorry, zwei Ovambo-Mädchen, die durch ihre Bratarbeit vermeiden sollten, daß wir andern unnötig am Essen gehindert wurden.

Der Braaivleis-Platz war ein idyllisches, beinahe lauschiges Fleckchen Steine zwischen eng aneinanderrückenden Bergen. Einige Anabäume und ein wunderbar lila blühender Apfelblattbaum hatten an dieser Stelle ausreichende Lebensbedingungen gefunden, vor allem aber ein prachtvoller Omumborombonga, der seine gedrehten und gewundenen Äste gespenstisch in den sternklaren, von keiner Dunstglocke beeinträchtigten Nachthimmel streckte. Für die Hereros ist er der Heilige Baum, weil ihren alten Sagen nach ihre Stammeltern daraus entstanden sind. Genau über uns drehte sich die ganze Nacht hindurch fast lautlos das Flügelrad eines Windmotors.

Erfahrungsgemäß konnte bei Schorsch nicht genau gesagt werden, wieviel Tiere ihr Leben für die zu bratenden Koteletts hatten lassen müssen. Sicher war nur, daß es an Fleisch nicht mangelte und die Hyänen der Gegend für Tage mit abgenagten Knochen und mit manchem versehentlich in die Dunkelheit gefallenen Hammelstück und Burenwurstmeter versorgt waren. Auch die Bierkisten und die bauchigen Kapweinflaschen standen und lagen in so großer Zahl herum, daß man auf Schritt und Tritt darüberstolperte, sobald man etwas aus dem Schein unseres gewaltigen Feuers heraustrat. Gewaltig war das Feuer in der Tat, denn auch hier hatte Schorsch neue Maßstäbe gesetzt: no nix Halb's. Für diesen lobenswerten Grundsatz schien er den halben Busch von Kraalkopp umgesägt zu haben, so daß ein Holzstoß dastand, wie er nicht einmal zu mittelalterlichen Hexenverbrennungen oder nazistischen Mammutsonnwendfeiern aufgeschichtet wurde. Hätte man ihn auf dem Feldberg im Schwarzwald entfacht, wäre sein Feuerschein gwiß no in der Landeshauptstadt zu sehen gewesen und wären womöglich die Feuerwehren von Lörrach bis Tübingen und Karlsruhe ausgerückt. Nur Brot, das beim Braaivleis ohnehin eine untergeordnete Rolle spielt, hatte Schorsch gleich gar nicht mitgenommen.

Es wurde jedoch nicht nur einseitig für Kehle und Magen gesorgt, sondern durch Eugen Kälberer mit Tramp- und Heimatliedern zur Gitarre unermüdlich auch fürs Gemüt. Wer schließlich von allem genug hatte, konnte sich auf das Pferd von Werner 2 schwingen und sich auf einem stimmungsvollen Nachtritt noch einmal Durst, Appetit und Heimweh holen. Egal, wohin man auch ritt, der Rückweg war nicht zu verfehlen, denn fürs Auge gab eine falsche Morgenröte die Richtung an, fürs Ohr der „Gesang" der feuchtfröhlich-sentimentalen Runde der Tsumeber Schwaben-Kolonie.

Als zuguterletzt noch ein Schießwettbewerb auf Scheiben und Flaschen inszeniert wurde, nahm das Fest lebensbedrohende Ausmaße an, denn die inzwischen rapide gesunkene Treffsicherheit wirkte sich mehr zugunsten der leeren Bierflaschen und sehr zuungunsten der herumliegenden vollen Alkoholleichen aus. Immerhin konnte dadurch wenigstens für die Hälfte der Bierkörbe anderntags das Pfand wieder eingelöst werden.

Sexshow der Elefanten

Nächstes Großereignis war eine Safari mit Werner 2 in die Etoschapfanne, das größte Tierreservat der Welt. Wie unzählige andere vor und nach uns sahen wir Löwen und Giraffen, Zebras, Strauße und Gnus, das komische Gackelhuhn, Kakadus und Marabus, Aasgeier und Trappen, einen frechen Schakal, das zierliche Blauböckchen und rauhe Mengen von Springböcken. Sogar den kleinen Schildkröten sind wir wieder begegnet, von denen Rudi zwei Jahre vorher unbedingt einige im Auto nach Deutschland mitnehmen wollte (er hatte aber das „schmutzige" Vorhaben schnell wieder aufgegeben, als er zu der Einsicht gelangt war, daß seine Lieblinge doch nicht stubenrein zu kriegen waren und er ihnen nicht gut fortgesetzt den Hintern putzen konnte). Wir erlebten jedoch noch etwas, um das uns selbst alte und uralte Südwester beneideten, weil sie es immer gern gesehen hätten, aber nie soviel Dusel hatten wie wir. Erst später, als wir ihnen die fotografischen Beweise vorlegten, waren sie ganz überzeugt.

Und was war dieses „es"? Die vielleicht gewichtigste Paarung, die man sich denken kann, nämlich die von Elefanten, und das auch noch in allernächster Nähe. Dieser Akt gehörte zu den fesselndsten Erlebnissen in unserer Afrika-Schau. Zuerst war er allerdings mehr erregend für uns, weil es der mächtige, majestätische Bulle irrtümlicherweise auf unseren armen und hilflosen Blechkäfer abgesehen hatte, während wir wie die Indianer von einem Versteck aus mit der Kamera auf Tiere lauerten. Mit schlackernden Riesenohren marschierte er Schritt für Schritt auf das Auto zu und fuchtelte dann mit seinem Rüssel auf dem Dach herum, ohne daß wir etwas unternehmen konnten. All die Schauergeschichten von tobenden Elefanten fielen uns ein, bis plötzlich lautlos und wie aus dem Boden gewachsen eine Elefantendame auf der Bildfläche erschien, die den Wüterich augenblicklich ablenkte und besänftigte.

Die beiden riesigen, so plump scheinenden Tiere faßten sich zart mit den Rüsseln und begannen rührende Liebkosungen. Jetzt merkten wir, ehrlich gesagt, auch erst, daß das eine Tier ein Bulle war, denn es schien auf einmal auf fünf Beinen zu stehen. Wir konnten es gar nicht gleich fassen und glauben, daß dieses „fünfte Bein" nichts anderes darstellte als das, was halt auch die Elefanten brauchen, wenn sie sich fortpflanzen wollen. Von den Eseln waren wir ja schon einiges an Größe gewohnt, aber was sich hier nach unten herausgeschoben hatte, glich, von der Farbe abgesehen, tatsächlich eher einem zusätzlichen Elefantenfuß als einem empfindsamen Zeugungsorgan. „Aber em Verhältnis zu dem ganze Kerle isch'r eigentlich gar net z'groß", kommentierte schließlich Werner 1 realistisch und sachverständig und brachte damit die Maßstäbe wieder ins rechte Lot. Und der Herr Elefant bestieg von hinten seine Dame, ahnungslos, daß da irgendwo im Busch ganz gefangen genommen drei Voyeure saßen und an seinem Vergnügen ihr Vergnügen hatten, das ihnen nachher keiner glauben wollte.

Besonders ein Mann, der es schon von Berufs wegen mit Paarungen zu tun hatte, konnte dieses Glück, auf das er in Jahrzehnten vergeblich gewartet hatte, kaum begreifen. Kamen da zwei so Schwäblein dahergefahren und schon führten die

Elefanten für sie die reinste Sexshow auf! Es war ein Mann, der als Löwen-Böhme bekannt war, weil er einmal mit bloßen Händen gegen einen Löwen kämpfen mußte. Seine hervorragendste Leistung lag aber auf einem ganz anderen Gebiet. Weil diese Leistung sehr bedeutsam war und nun in Vergessenheit zu geraten droht, sei hier ausnahmsweise eine Abweichung vom Schwäbisch Afrika-Prinzip gestattet.

Böhme hatte nicht nur Zebras gezähmt und mit Pferden zu Zebroiden gekreuzt, die heute schon in deutschen Zoos zu bestaunen sind, er hielt auf seiner Farm „Onguma" vermutlich als erster auch eine kleine Herde gezähmter und domestizierter Elandantilopen, von denen er glaubte, daß sie in Afrika ein dem Rind in mancher Beziehung überlegener Fleisch- und Milchlieferant werden könnten. Er war schon 1960 der Meinung, daß auf diese Weise Wildfleisch eines Tages in Afrika eine wichtige Rolle als Ernährungs- und Wirtschaftsfaktor spielen müsse. Um so betrüblicher war die 1971 in einer Fernsehsendung wiedergegebene, sicher aus Unwissenheit gemachte und trotz Hinweis mit Belegfotos nicht widerrufene Behauptung, bis dahin sei es niemals gelungen, Wild unter Kontrolle auf einer Farm zu halten, nun aber würden von dem englischen Zoologen Hopcraft in Kenya erfolgreiche wissenschaftliche Versuche durchgeführt, die vielleicht die Grundlage für eine Wildtierzucht zur Fleischerzeugung bilden könnten.

Altes „Erfinder"-Schicksal – und insofern ist die Geschichte doch e bißle schwäbisch.

Als wir von unserer Vergnügungstour wieder nach Tsumeb zurückgekehrt waren, erklärte Werner 1, daß er jetzt auch einmal Abwechslung brauche und begab sich erwartungsvoll mit Werner 2 zur Tanzstunde. Reichlich erschüttert kam er wieder zurück, denn man hatte keine Ahnung von Rock'n Roll gehabt. Dagegen fand er höchst bemerkenswert, daß die Tanzstunde im evangelischen Gemeindehaus stattfinden konnte.

Des weiteren waren wir übereinstimmend der Ansicht, daß es wieder einmal höchste Zeit für einen Haarschnitt wäre. Was lag näher, als zu diesem Zweck den alten Schorsch 2 aufzusuchen, Schorsch Buck aus Temmenhausen auf der Ulmer Alb. Er war jetzt 77 Jahre alt und hatte davon 55 in Südwest verbracht. Sicher hatte er sich einst, als er in dieses Land auszog, nicht träumen lassen, daß er sich in seinen alten Tagen noch als Friseur sein Dasein würde verbessern müssen. Aber ihn hat das Unglück erwischt, nicht nur einmal. Zuerst war er in der Mine in einem abstürzenden Förderkorb schwer verunglückt und fortan gehbehindert.

Später wurde er noch von einem Auto angefahren, was zu einem weiteren dauernden Körperschaden führte. Nun konnte der einstige aktive Turner nur noch als Sanitäter in der Mine arbeiten. Eines Tages fing er außerdem noch an, auf seiner Veranda Haare zu schneiden. Die früher und in Südwest bis 1960 üblichen Schnitte verlangten ja keine große Figarokunst, und so sahen wir hinterher e bißle arg kahl aus, was jedoch der Hitze wegen auch seine Vorteile hatte.
Im Wohnzimmer von Schorsch Buck hingen der Reihe nach der Alte Fritz, Hitler, Göring, Ludendorff und andere einschlägige Größen, Siegerbänder von SWA-Turnfesten, das Parteiabzeichen mit dem Hakenkreuz, und schön eingerahmt der Mitgliedsausweis der Auslands-NSDAP. Aber hätten wir mit dem alten Mann, der noch 80 werden und auf der Alb sterben wollte, groß darüber herumdiskutieren sollen? Mit einem Mann, der vor dem Antritt seiner Heimreise stand...
Drei Tage später machte Schorsch Diebold „eine neue Plane". Er inszenierte für uns nach bewährten Vorbildern einen sehr feucht-traurigen Abschiedsabend, jedoch – wie schon aus dieser Formulierung herauszulesen ist – mit einem gravierenden Unterschied zu früheren Veranstaltungen: diesmal bestand die Feuchtigkeit besonders gegen Ende weniger aus Kirsch-, sondern mehr aus reinem Augenwasser. Abschiede in Afrika – da war nun kein Unterschied mehr zu Lumbungo, und auch nicht zu anderen liebgewordenen Menschen und Landschaften, egal ob in Rhodesien, am Blauen Nil oder auf der Insel Principe.

Der größte Tisch der Welt steht im Wasser und ist nicht zum Speisen, sondern zum . . . Gegenteil davon da.

Während der Guano-Ernte verbindet eine einfache Drahtseilbahn aus Weinsberg den Vogeltisch mit dem Festland.

Losfräsen der kostbaren Mistschicht, die von Winters vieltausendköpfiger Seevögelbelegschaft kostenlos geliefert wird.

Adolf Winter, der Eschenauer mit dem gewinnträchtigen „Vogel". Links wartet der Mist auf den Abtransport zur Versilberung.

Mist versilbert

Diese Geschichte hat insofern etwas Unschwäbisches an sich, als sie sich um etwas Riesiges dreht, den Riesentisch eines schwäbischen Schreiners nämlich, und „riesig" halt net so recht zu uns paßt. Wir sind bekanntlich mehr fürs Kleine, Übersehbare, Doggelige, an das man das beliebte „le" nâhänge kann. Es ist aber nicht gut vorstellbar, daß Adolf Winter aus Eschenau im Kreis Heilbronn zu seinem Mammuttisch in der Walfischbai von Südwestafrika jemals „Tischle" gsagt hat.
Alles andere ist jedoch wieder typisch: zuerst eine Schnapsidee, die ihrem Urheber den Beinamen „der verrückte Winter" einbrachte, dann der Beweis für die Richtigkeit, es läßt sich sogar Geld damit scheffeln, und man bleibt doch, wer man war. Wenn auch an dem netten Häusle am Strand von Swakopmund eine glänzende Messingtafel mit der bombastischen Aufschrift „The Atlantic Guano Syndicate (Pty) Ltd." prangte, so verbarg sich doch nichts und niemand anderes dahinter als der Bastler, Grübler, Sinnierer und Segelflieger Adolf Winter, der 1911 nach armseliger Jugend in die deutsche Kolonie Südwestafrika gegangen und dort hängengeblieben war. Sicher hat der gelernte „Tischler" den großspurigen Namen für sein „Syndikat" nicht selbst erfunden.
Nachdem die Firma genannt ist, ahnen vielleicht manche schon, worum es geht: um eine künstliche Guano-Insel, offiziell „Bird Rock" geheißen, die einen rechten Steinwurf weit vor der südwestafrikanischen Wüstenküste im Südatlantik liegt. Von einem „rock" kann freilich nicht die Rede sein, denn diese Insel ist genau genommen ein hölzerner Supertisch von etwa 17 000 Quadratmeter Fläche, der mit exakt 1007 Tischfüßen auf dem felsigen Untergrund des Küstenschelfs steht. Die drei bis vier Meter langen Pfähle sind ganz einfach auf den Fels gestellt, der bei Niedrigwasser fast frei liegt, und nicht verankert. Allen Unkenrufen zum Trotz ist „der größte Tisch der Welt" bis heute nicht weggeschwemmt und selbst bei Sturmfluten nie ernstlich beschädigt worden. Das Gewicht der riesigen Tischplatte sorgt, wie von Adolf Winter vorhergesagt, beständig dafür, daß nicht jede anrollende Atlantikwelle das Ganze zum Tanzen bringt.
Soviel zum eigenen Inselpatent von Herrn Winter. Aber was wollte er damit? Als rechter Schwabe dachte er natürlich nicht daran, sich auf seiner Insel zu sonnen oder einen Badebetrieb zum Faulenzen einzurichten, obwohl er, wie wir sehen werden, später doch andere für sich „arbeiten" ließ. Seine Idee war viel ausgefalle-

ner und nicht weniger glänzend. Der Schlaule baute seine Insel für die Seevögel, aber nicht aus Tierliebe, sondern aus Geschäftssinn, denn er hatte es auf das abgesehen, was Zartfühlende und Wissenschaftler gänzlich wertfrei als Exkremente bezeichnen und das bei den Seevögeln weit wertvoller ist als beim Menschen. Es ist Guano, also der beste natürliche Dünger, den es gibt.
Trotzdem hielt man Adolf Winter für meschugge, als er mit seinem spleenigen Plan herausrückte. Das ging soweit, daß ihm sogar die Kredite gesperrt wurden. Aber er ließ sich nicht aufhalten und begann 1930 mit viel Mühe und ganz klein mit dem größten Tisch, den er je getischlert hatte. Mit ein paar Quadratmetern fing er das seltsame Werk an, mit einer Fläche von etwa 130 auf 130 Meter hörte er auf. Wie erwartet ließen sich darauf Zehntausende von Seevögeln, vor allem schwarze Kormorane*), aber auch Pelikane und andere nieder, die, wie ebenfalls leicht vorauszusehen und doch nicht geglaubt worden war, im Verlauf eines Jahres runde 900 Tonnen von jenem begehrten Verdauungsprodukt dort fallen ließen, vor dem man sonst nur die Nase rümpft. Zuhalten mußten wir uns dieselbe auf der Vogelinsel allerdings auch, denn der umfangreiche Vogelmisthaufen stinkt schon gewaltig. Erst wenn der Mist „geerntet" und für 200 Mark die Tonne (1958) versilbert war, konnte Adolf Winter den alten Römern zustimmen und sagen „Geld stinkt nicht".
Das Konzept des tüftlerischen Schwaben war aufgegangen, weil er nicht nur eine originelle Idee ausgebrütet, sondern auch höchst genaue Naturbeobachtungen angestellt hatte. Dabei war ihm aufgegangen, daß sich die Kormorane auf jedem kleinen Felsstück, das aus dem Wasser ragte, dicht gedrängt aufhielten, als suchten sie dort instinktiv einen Platz, wo sie besonders beim Nisten und Brüten vor Schakalen und anderen Feinden sicher waren. Für die vielen Vögel aber waren diese Plätzchen viel zu klein und viel zu wenige, und genau das brachte Adolf Winter auf seinen gewinnbringenden Gedanken, den Kormoranen einen rings von Wasser umgebenen Nistplatz zu bauen, der ihnen gleichzeitig als stilles Örtchen diente. Denn selbstverständlich wußte er auch, daß dieser Vogelkot den begehrten Guano darstellt, der wegen der Fischnahrung der Vögel und dem damit

*) *Kormorane sind entenartige Seevögel, die im alten China zum Fischfang abgerichtet wurden. Damit sie ihre Beute nicht verschlucken konnten, erhielten sie einen Ring um den Hals. Nur ab und zu bekamen sie von ihrem Besitzer einen Fisch zum Fressen. Ob es auch einen chinesischen „Winter" gab, geht aus der Geschichtsschreibung nicht hervor.*

aufgenommenen Seewasser die zur Düngung wichtigen Phosphorverbindungen enthält.

Die Vögel haben den Platz erwartungsgemäß angenommen und betätigen sich zum Dank so sehr im Sinne ihres Wohltäters, daß die Guanoschicht alljährlich eine Stärke zwischen sechs und zehn Zentimetern erreicht. Abgebaut wird sie im Januar oder Februar von etwa dreißig Leuten mit Hilfe einer schwäbischen Agria-Bodenfräse. Diese dreiwöchige Arbeit ist heute, von kleinen Reparaturen abgesehen, der einzige Aufwand für den großen Gewinn. Alles andere machen die Vögel ganz von allein. Nicht einmal bewacht werden muß die eigenartige Geldquelle.

1958 nahm uns Adolf Winter in seinem Landrover zur „Ernte" mit. Entlang den berühmten, gewaltigen Sanddünen südlich von Swakopmund brauste der damals 77jährige mit hundert Sachen auf der Wellblechpad an der Küste entlang. Auf dem letzten Stück bis unmittelbar ans Wasser wühlte er sich mit Vierradantrieb routiniert durch den tiefen Namib-Wüstensand. Dann schaukelten wir auf einer einfachen, das Jahr über abgebauten Drahtseilbahn der Weinsberger Firma Vollert die 200 Meter zur Vogelinsel hinüber, die mit Vogelgeschrei, Brandungsrauschen und Arbeitslärm absolut nicht den Eindruck eines stillen Örtchens machte. Den bestialischen Gestank vergaßen wir vor lauter fotogenen Motiven, denn die Vögel waren so zutraulich, daß sie sich trotz der Abräumarbeiten nicht im Brüten auf ihren Nestern stören ließen. Im Süden zeigte sich der Hafen Walfischbai mit den Rauchfahnen der Fischkonservenfabriken und auf der Reede draußen warteten einige große Pötte auf die Einfahrt.

Die losgelöste Mistschicht wurde in Säcke geschaufelt, mit der Drahtseilbahn (früher mit Leichtern) zum Festland hinüberbefördert und dort gelagert. Da praktischerweise eine der reizvollsten Eisenbahnen der Welt von Walfischbai über Swakopmund nach Windhuk und weiter nach Kapstadt an dieser Stelle unmittelbar an der Küste entlangläuft, ist der Abtransport kein Problem. In Kapstadt wird der Guano in einer Düngemittelfabrik, an der Adolf Winter 60 % Anteil besaß, verwertet.

Seine letzten Schulden hat Winter 1942 bezahlt. Als er in den sechziger Jahren starb, hinterließ er sicher nicht nur weinende, sondern auch lachende Erben.

(Nachbemerkung: Auf Grund einer „Ente", wonach der Tisch nicht mehr existieren sollte, ist dieses Kapitel beinahe gestrichen worden. Wäre es keine Ente gewesen, die Welt und dieses Buch wären um einen einmaligen Gag ärmer).

Fascht wie drhoim

Also rein äußerlich läßt sich ja zwischen dem deutschen und dem afrikanischen Südwesten nicht die entfernteste Ähnlichkeit feststellen. Aber an dieser urnatürlichen und grenzenlos weiten, leeren und stillen Gegend Afrikas ist etwas, was der schwäbischen Seele besonders entgegenkommt. Es ist der rauhe, harte und gleichzeitig melancholische Charakter eines Landes, das arg viel Platz hat und wo infolgedessen jeder ungeschoren so oft und so lang für sich sein kann wie er will, und noch verhältnismäßig viel machen kann, was er will. Mit andern Worten: Südwest ist ein Paradies für schwäbische Bruddler, Käuze und Originale, Sinnierer und Tüftler, die sich dort wohler fühlen als irgendwelche anderen Weißen. Sie fühlen sich wahrhaft zuhause, drhoim, wenn auch nicht ohne Heimweh. Und je wohler sie sich dort fühlten, desto mehr häuften sich die schwäbischen Merkmale des Landes. So kommt es, daß sich heute jeder Neckar-, Enz- oder Remstäler, der als Neuling südwester Wüstenboden betritt, gleich vom ersten Tag an ebenfalls wie drhoim fühlt. Südwest ist das einzige und letzte Land in Afrika und vielleicht auf der ganzen Welt, das immer noch nicht nur stark deutsch, sondern au gar net wenig schwäbisch geprägt ist.

Laugenbrezeln in Windhuk

Wer auf Windhuks Kaiserstraße in einen Laden geht, dem kann es widerfahren, daß er dort zwischen kurzbehosten Burenfarmern und buntgewandeten, turbangeschmückten Herero-Frauen treuherzig gefragt wird: „Werde Se scho bedient?" So war es wenigstens noch vor einigen Jahren und offenbar hat der Schwabe wie der Amerikaner und Franzose etwas unübersehbar Spezifisches an sich, an dem er mit Leichtigkeit zu identifizieren ist, freilich mit dem entscheidenden Unterschied, daß die einen ihre Klappe so laut und die andern nur so „schenant" wie möglich aufmachen, sobald sie sich fünf Kilometer jenseits der Ländlesgrenze befinden.
Als wir 1969 beim Ausspannplatz doch wieder die Vereinigten Bäckereien des Sindelfingers Körner fanden, erhielten wir auf unsere Frage, ob's frische Laugenbrezeln gäbe, eine Antwort wie in Stuttgart en dr Böblinger Schtrôß: „Noi, 's isch älles weg." Auf unser enttäuschtes „ach, jetzt hen mr ons scho so gfreit", kam es

ebenso überrascht hinter dem weißen Ladentisch hervor: „Ha no, wo kommet denn ihr her??“ Als die Frage wahrheitsgemäß beantwortet war, griff die gute Frau mit den Worten unter den Ladentisch: „Ja no, en dem Fall – dô hen ihr no e paar, die sen zwar bschtellt ond bloß no net abgholt, aber nemmet's no, nô kriaget die halt heit nix!“ Hoffentlich kriegt die verständnisvolle Kaltentalerin nun nicht nachträglich noch einen Rüffel.
So wie wir die Chefs, Herrn und Frau Körner, schon früher bei Familie Rufeis im Klein-Windhuker Sanderburgweg kennengelernt hatten, war jedoch nichts Schlimmeres zu befürchten als vielleicht ein „heiligs Donderwetter“, das für Außenstehende beängstigend anzuhören sein mag, für Eingeweihte aber einfach bedeutet: „man sagt's em Guete“.
Beide Familien waren Nachbarn, der Brezetbäck von Sendelfenge und der „Universal Diesel (Pty) Ltd.“-Inhaber von Gableberg mit Frau aus Plochinge. Später wohnte ein paar hundert Meter weiter, am Jan-Jonker-Weg, auch noch die im Schwäbischen wurzelnde Reiter-Großfamilie Ströbele, die wir schon von Karibiber Zeiten her kannten. „Jetzt kommt's auf euch au nemme an“, meinte die Hausfrau, und wir waren schon wieder wie drhoim. Die ganze Welt war doch wahrhaftig nichts als ein schwäbisches Dorf – so schien es u n s wenigstens.

Warmer Leberkäs zwischen Namib-Dünen

Doch nicht nur in der südwester Metropole Windhuk konnten wir uns heimisch fühlen, selbst dort, wo sich wahrhaftig Kapfuchs und Springhase im unermeßlichen Dornbusch „Gute Nacht“ sagen, gab es noch eine Chance für Hefenkranz oder warmen Leberkäs.
Einen solchen hatten wir eines Tages frisch und saftig in Swakopmund ergattert und ihn dann in einem landschaftlichen Rahmen verspeist, der einem lieblichen schwäbischen Wiesental diametral entgegengesetzt war. Unser Appetit wurde allerdings durch die gewaltige, ornamental geriffelte Dünenlandschaft, die uns auf drei Seiten umgab, nicht im geringsten beeinträchtigt, zumal von der vierten Seite, vom Atlantik, ein frischer Seewind über die majestätischen, heißen Sandberge der Namibwüste wehte und die Dünen nicht nur zum Wandern, sondern auch noch zum Brummen brachte („Brummdünen“ durch Sandabrutschen am Steilhang). Und unsern Leberkäs zum Knirschen. Aber das prima Hansa-Bier aus

der „deutschesten Stadt von Südwest", damals vom Wahl-Weinsberger Klaus Dömel gebraut, beseitigte diese Beeinträchtigung auf sympathische Weise und hatte außerdem zur Folge, daß uns die kolonialzeitlichen Türme und Häuser des nahen Küstenstädtchens wie die Silhouette von Rothenburg erschienen. Glücklicherweise haben uns in diesem und dem anschließenden Zustand mit Purzelbäumen die feinsandigen Steilhänge der Dünen abwärts die niedlichen Sand- und Hornviperchen nicht entdeckt, die uns garantiert wia dr witsch entweder wieder ernüchtert oder vollends ins Delirium, möglicherweise ohne Wiedererwachen, befördert hätten. Aber es gibt halt nix Scheners, als en Sanddüne romwargle.

Andere Länder, andere Sitten

Eine Mischung aus Wildsüdwest, Burenbrauch und Schwabensang erlebten wir an einem Februartag des Jahres 1958 ein Stück landeinwärts von Swakopmund bei einem Braaivleis unter dem „Großen Baum" im ausgetrockneten Swakoprivier*). Metzgerstochter Magde Dömel aus Weinsberg, deren angeborene, höchst angenehme „Fleischeslust" wir an anderer Stelle noch näher kennenlernen werden, hatte auch hier ihre Hände im Spiel. Wir hatten zwar die ebenso schöne wie schmackhafte burische Sitte des Braaivleis (Bratfleisch, Barbecue) bereits schätzengelernt, aber als wir sahen, wie schon einen Tag vorher dreißig Hammel-, Kalbs- und Schweinekoteletts mit Salz, Pfeffer und Zwiebeln behandelt und dazu noch drei Meter Boerwors (Burenwurst) eingekauft wurden, abgemessen mit einem auf dem Verkaufstisch aufgezeichneten Maßstab, zweifelten wir doch daran, daß dies für ganze vier Erwachsene nebst einem Kind gedacht sein sollte. Als am nächsten Abend das Auto für die Wüstentour zum „Großen Baum", der vom Grundwasser des Riviers existierte, geladen wurde und auch noch zwei Kasten Bier hinzukamen, fragten wir erneut, wer denn mit uns käme.

Als es Mitternacht zuging und die letzte Glut langsam verlosch, hatten wir doch innerhalb weniger Stunden zu viert mit allem aufgeräumt. Niemals hatten wir ein so wunderbares Fleisch gegessen, niemals einen derartigen Appetit entwickelt und – niemals eine so romantische Mondnacht erlebt. Wahrscheinlich sah es dort

---

**) Rivier ist in Südafrika der vom französischen „rivière" kommende burisch-afrikaanse Ausdruck für Trockenflußbetten, in denen nur periodisch Wasser fließt; er entspricht also der Bezeichnung „Wadi" in der Sahara.*

oben auf dieser gelben Kugel nicht viel anders aus als hier im Sand zwischen nackten Felsen und steiniger Einöde. An einen mächtigen, warmen Steinblock gelehnt, der uns als Windschutz gedient hatte, schliefen wir ein, über uns das brillanten glitzernde Sternenzelt, in uns sieben, acht Koteletts und einen halben Meter Burenwurst. Das wäre ein Fang für einen Python gewesen. Hätte eine der bis acht Meter lang werdenden Riesenschlangen einen von uns erwischt, wäre sie für mindestens vierzehn Tage aller Nahrungssorgen enthoben gewesen...

Da wir auch dieser, keineswegs rein theoretischen Gefahr glücklich entgangen waren, konnten wir uns am andern Morgen im Haus Dömel einer anderen Tiergattung zuwenden. Wir fanden es zwar gar nicht so schlimm, daß einige Ameisenzüge im Haus herumwanderten, aber für den ausgeprägten Ordnungs- und Sauberkeitssinn einer Schwäbin schien dies einem kleinen Weltuntergang zu gleichen. Das originelle und vielleicht einzig wirksame Rezept dagegen, das Magde Dömel erfunden hatte, kann aus der Sicht der Ameisen nur als Putzteufelei definiert werden, denn sie wurden schwuppdiwupp und ausnahms- und erbarmungslos von einem Staubsauger verschluckt, den der schwarze „Haus-Ovambo" Absalom mit sichtlich viel Erfahrung und Spaß wie ein Militärstratege handhabte. Dadurch war aber wenigstens sichergestellt, daß wir in Ruhe (vor den Ameisen und vor der beunruhigten Hausfrau) die „Heilbronner Stimme" vom vorigen Monat als Morgenzeitung lesen und uns über Vorkommnisse im Zabergäu und Weinsberger Tal aufregen konnten, die dort schon wieder vergessen waren. Anschließend entnahmen wir der neueren einheimischen Presse, welch schmeichelhaften Ansichten über Südwest zwei durchreisende Schwaben einer darauf scharfen Walfischbaierin von der „Namib Times" preisgegeben hatten.

Da durch die „H. St."-Lektüre unsere Gedanken wieder einmal vom fernen Zuhause beschlagnahmt worden waren, begaben wir uns als Folge davon zum sonntagvormittäglichen Lustwandel mit „Heimweh-Musik" in den sogenannten Stadtgarten. Mit viel Liebe und Wasser sind dort Blumen und Bäume, darunter fremdartige Araukarien, aus dem Meeres-Wüstensand gezaubert worden, damit sich die Deutschen im allgemeinen und die Schwaben im besonderen leicht beschattet bei Silcher-Liedern und zackigen Militärmärschen, geläufigen Volksweisen und nahem Meeresrauschen ihrem Heimweh hingeben konnten, das noch potenziert wurde, wenn gerade ein deutsches Schiff Swakopmund passierte und wie üblich als Gruß an die Deutschen seine Sirene dreimal aufheulen ließ (nachts wurde der Brauch durch bunte Raketen geübt).

Musterküche neben Negerkral

Wer beschreibt unsere Gefühle, als wir bei der Fahrt durch das hübsche, gepflegte Omaruru an einem ansehnlichen Store die drei großen Buchstaben ABC mit der Erläuterung A. Benseler und Co. entdeckten! Wir freuten uns über diese überraschende Begegnung sehr, letztlich war sie aber für den Verfasser doch eine Enttäuschung, denn diesmal war es nichts mit einem neuen Stück von Schwäbisch Afrika. Wie alle Namensbrüder, die er in Afrika erstaunlich zahlreich traf, stammten die Omaruruer von nördlich des Mains, so daß er vorübergehend anfing, an seinen urschwäbischen Wurzeln zu zweifeln.
Wie zur Genugtuung entdeckten wir gleich hinterher und schräg gegenüber unter mächtigen Bäumen versteckt die Dampfbäckerei des Heumadeners Benz, mit Bäckergesellen aus Böblingen. Noch 1969 ließen wir uns dort zu Kaffee und Schwarzwälder Kirschtorte nieder und es war in diesem Jahr schon fast kurios, daß alle Namen von uns, die wir damals zusammen „auf Pad" waren, auch in dieser Gegend existierten: außer der Benseler-Co. gab es in Omaruru noch einen Transportunternehmer Scherer und in Otjiwarongo, hundert Buschkilometer weiter, die Schlachterei Henle, die sich also bloß e bißle anders schrieb als Metzgersohn Heiner Hähnle aus Sachsenheim.
Obwohl der Transporteur Scherer der Mercedes-Wiege Stuttgart entstammte, schwärmte er von seinem Volvo-LKW auf afrikaans: „Is'n lekker karre!", was ihm sicher nicht schwer fiel, weil das schwäbische Schimpf- oder Kosewort „Karre" und „Kärrele" für ein Auto von den Buren bei uns entlehnt worden sein könnte. Übrigens hat der Volvo-Scherer den Verfasser 1963 mit seinem Giganten einmal nach Windhuk mitgenommen. Dort erschien er um zehn Uhr abends, nachdem er um sechs Uhr bei Rehobot noch Schafe geladen hatte, mit weißem Hemd und Krawatte bei ihm im Hotel und fragte, ob er noch zu einem Drink mitkäme. Obwohl es kaum weiter als um die nächste Ecke ging, mußte gefahren werden, und natürlich mit dem Volvo. Es war wohl das erste und letzte Mal, daß der Produzent dieser Zeilen mit einem Zehntonner, in einem verstaubten und verdreckten Schaf- und Großviehtransporter mit einer blöckenden Hammelherde hinten drauf ins Café fuhr.
Ganz heimatlich wurde es uns aber erst ums Herz, als wir von Omaruru aus auf der Vieh- und Karakulfarm Klein-Okombahe landeten. So was an Sauberkeit, Gemütlichkeit und Gaumenfreuden wie auf dieser winzigen deutschen Insel im un-

ermeßlichen, graugelben Busch- und Grasmeer hatten wir unterwegs selten angetroffen. Dahinter steckte aber keineswegs ein Wunder, sondern die resolute Rosel Hoffmann, die aus Stuttgart-Rohracker, also aus unmittelbarer Nachbarschaft von „dr Anna Schäufele aus Kaltetal" in die Wildnis gezogen war und nun dort in einer modernen und blitzblanken Musterküche in Sichtweite einer Herero-Freiluftfeuerstelle den Kochlöffel schwang.
Hier konnten wir die ebenso anheimelnde wie befreiend und beruhigend weite Buschfläche, aus der phantastisch zerklüftete, häufig mit uralten Felsmalereien geschmückte Zeugenberge malerisch herausragten, endlich einmal wieder ohne Auto-, Wasser-, Orientierungs- u. a. Sorgen genießen. Nicht nur einmal kletterten wir auf den Mast eines Windmotors, um von dieser luftigen Höhe aus, in warmer, friedlicher Stille und in einem unbeschreiblichen Gefühl der Ungebundenheit die aparte, extravagante Farbensymphonie der südwester Natur zu genießen, diesen ungewöhnlichen Akkord aus dem schimmernden Strohgelb des dicht wogenden, dürren Grasteppichs, leuchtender Himmelsbläue, den grünen Tupfen der zum Grundwasser reichenden Bäume und Büsche, und dem markant kontrastierenden Rotbraun der Wege und der zahlreichen bizarren Termitenbauten.
Das Paradies war vollkommen, wenn wir Rosel Hoffmanns „Zoo" um uns hatten: Hunde, Katzen, Papageien, Tauben, einen Springbock, ein Steinböckchen, Schildkröten, Zebras, Strauße, Hühner, Hasen, Ziegen – zur Arche Noah fehlte eigentlich nur noch das Wasser. Eines Nachts ging sogar ein prächtiger, aber Vieh reißender Gepard in eine Käfigfalle. Leider mußte man das tobende, fauchende und zähnefletschende Tier erschießen, statt es, wie erhofft, an eine Tierhandlung verkaufen zu können. Ihm fehlte nämlich die linke Vorderpfote, wahrscheinlich weil es damit früher einmal in ein Fangeisen geraten war.
So war auch in und um Omaruru unsere heimliche Erwartung voll erfüllt worden und unsere Wette, daß es keinen afrikanischen Flecken ohne Schwaben gäbe, wieder nicht danebengegangen.

Achalm am südlichen Wendekreis

Was dem Bayern seine Zugspitze und dem Schweizer sein Matterhorn, ist dem Schwaben die Achalm oder der Hohentwiel. So wenigstens muß man denken, wenn man durch die südwester Lande fährt und dabei Farmen mit diesen Namen passiert. Freilich, die Namen sind alles, aber auch wirklich alles, was die unwirtlichen, kargen Gegenstücke in SWA mit den stolzen deutschen Vorbildern gemeinsam haben. Vielleicht hat sogar die afrikanische Zugspitze nie etwas mit einem Bayern zu tun gehabt, und die Achalm 2 gehörte auch keinem Reutlinger oder Pfullinger, immerhin aber die tropische Hohentwiel-Filiale dem Metzinger Haerlen. Schon ganz weit im feuchter werdenden Norden residierte schließlich sinnigerweise der aus der Gegend von Waldsee stammende Alfred Feucht auf der Farm Heidelberg. Sein Farmschild war sicher nicht nur aus ästhetischen Gründen mit einem schwarz-weiß-roten Rand verziert ...

Gleich neben Heidelberg lagen, wie es sich gehört, nur nicht durch einen Rhein getrennt, die Farmen Mannheim und Ludwigshafen. Wie auch die Mosbach-Tochter im südwester Busch, waren sie jedoch nicht von imperialistischen Schwaben okkupiert, wenn sich der Verfasser noch recht erinnert.

Überhaupt die Farmnamen! Das Studium einer südwester Farmkarte ist ebenso lehrreich wie vergnüglich, mitunter auch ein wenig rätselhaft, denn die Namen reichen von Helgoland und Stubbenkammer bis Krähwinkel und von Klein-Schwaben und Neu-Schwaben über Rimini und Schakalslust bis – Radio.

Doch nicht nur die Farmnamen wirkten so heimelig. Wer würde sich nicht ebenso heimatlich berührt fühlen, wenn er in Otjiwarongo plötzlich vor der „Schlosserei mit Wagenbau von Friedrich Küstner“ stünde, der Ende der zwanziger Jahre aus Pfedelbach ausgewandert war. 1958 sagte er uns, daß er seither Deutschland nicht mehr gesehen habe und daß er im Krieg sechseinhalb Jahre lang interniert gewesen sei. Küstner war noch ein Handwerker vom alten Schlag; Reklamationen kamen da wohl kaum vor. Als wir ihn damals trafen, baute er ab und zu sogar noch einen der legendären burischen Ochsenwagen. Sie hatten offenbar ihre Daseinsberechtigung noch nicht ganz verloren, weil sie mit sechs bis acht Ochsenpaaren vielleicht irgendwohin kamen, wohin es selbst ein LKW mit Allradantrieb und soundsoviel Vor- und Rückwärtsgängen nicht mehr schaffte. Die stabilen Wagen kosteten etwa zweihundert südafrikanische Pfund, was in jenen Tagen mehr als zweitausend D-Mark entsprach. Sie konnten bis zu acht Tonnen Ladung aufnehmen, und der schwarze Fuhrknecht, der jeden einzelnen Ochsen beim Namen rief, hatte eine meterlange Peitsche, damit er notfalls seinen Befehlen auch bei den vordersten Zugtieren noch Nachdruck verleihen konnte.

Stichwort „Aus"

Mit ganz soviel Schwäbisch wie die Mitte und der Norden des Landes konnte der Süden nicht aufwarten, aber vielleicht lag das daran, daß wir uns dort (leider) nie so ausführlich umgesehen haben. Bei einem mehrtägigen Aufenthalt auf Voigtsgrund, einer der bekannten Pionierfarmen der Karakulzucht, erfuhren wir aber, daß z. B. auf den nahen Farmen Breckhorn-Ost ein Herr Schreiber aus Korntal, und auf Breckhorn-West eine Frau Schwarzkopf aus Ingelfingen saß, deren verstorbener Mann aus Nordheim bei Heilbronn gekommen sei.
Auf Voigtsgrund selbst stellten wir schwäbischen Einfluß nur bei den schwarzen Arbeitern fest. Er drückte sich in einem schönen, großen Farbfoto vom Tübinger Rathaus aus, das in einer der armseligen Unterkünfte zwischen Knorr-Reklame, einer ausgeschnittenen Blondine und einem ausgedienten Telefonbuch prangte. Die Szenerie wirkte kindlich und lächerlich, aber war der Auslöser für das seltsame Arrangement nicht ein ungestilltes und unerfüllbares Verlangen von Martin, Lukas, Nagale und wie sie alle hießen nach einer anderen, für sie traumhaften und „höheren" Welt, die ihnen verschlossen war?
Obwohl wir also den Süden unverständlicherweise immer etwas links liegen gelassen hatten, haben wir doch gerade dort landschaftliche Eindrücke empfangen, die uns nicht weniger unvergeßlich sind als die schwäbischen Verbrüderungsfeste anderswo – ond des will ebbes heiße! Wir denken dabei net grad an Grünau, wo wir im Sandsturm eine halb verdorrte Eukalypte als einzigen Hinweis auf die erwartete labende Aue fanden. Vielmehr waren es immer wieder die drei gleichen Punkte, die uns magisch anzogen. Der erste war die winzige Aussichtsplatte über dem gigantischen Fischfluß-Canyon, die früher nur über nervenaufreibende Geröllpisten zu erreichen war. Nicht allzu weit davon, bei Keetmanshoop, steuerten wir gern den bizarren Kokkerboom-Wald an, der freilich mit einem Wald, wie wir ihn kennen, so wenig Ähnlichkeit hat wie dr Schultes von Bäsge mit einem Buschmann en dr Kalahari. Vor allem wird der Besucher darin e Fleckle Schatten vergeblich suchen. Die zitierten Buschmänner schätzten den seltsamen Kokkerboom aus einem ganz anderen Grund: seine Äste lieferten ihnen die Köcher für ihre Giftpfeile. So kam der wunderliche, urweltlich anmutende Baum zu seinem afrikaansen Namen, der nichts anderes als Köcherbaum bedeutet.
Die dritte Stelle war der erhabene Platz mit dem erhobenen Zeige-„Finger Gottes", jenem einzigartigen Erosionsgebilde, das wie ein überirdisches, bizarres

Mahnmal in den ewig blauen südwester Himmel ragt. Dazu ganz unpoetisch: der mächtige „Finger Gottes“ sitzt auf einem Sockel und Hals von dreihundert Millionen Jahre altem, blau-schwarzem Karroo-Schiefer. Der untere Teil des Fingers besteht aus einem Lehmkornkonglomerat, die obere Hälfte aus Sandstein. Der Hals, auf dem der Finger balanciert, mißt an seiner engsten Stelle ganze 1,8 Meter, während der göttliche Finger selbst einen Umfang zwischen 6,5 und 10,5 Metern aufweist.

Einmal hatten wir an diesem hehren Ort ganz unfeierlich in einer feuchtfröhlichen Viererrunde mit Wurstsalat und Kapwein Bernds Geburtstag gefeiert, uns von durchfrorenen, stürmischen Nächten in Südafrika wieder „aufgebäht“ (aufgewärmt) und in lauer Südwinternacht dem Mann im Vollmond die Zunge herausgestreckt – ohne daß der warnende Finger auch nur gewankt hätte. Das ist eben der Unterschied zwischen den kleinen Geistern und den höheren Mächten, die über so ebbes gelassen und großmütig hinwegsehen.

Auf einer Rückfahrt von Lüderitzbucht sagten wir nach der Durchquerung der Namib in Aus kurz „Grüß Gott“ bei dem aus Wasseralfingen stammenden Original Steidle. Auf seinem Lebensweg lagen Stationen als Motorradbauer, Rennfahrer und Angestellter der CMD, der Consolidated Diamond Mines (einer Tochter der berühmten südafrikanischen de Beers Consolidated Mines), die in riesigen Sperrgebieten den Namibsand und sogar noch den Küstenschelf nach Diamanten durchwühlen.

Bald sind schon zwanzig Jahre verflossen, seit wir in der hübsch und malerisch in einem engen, zerklüfteten Tal voller Steine gelegenen kleinen Siedlung Aus Station gemacht haben. Ob der alte Steidle noch dort ist? Ob er dort bleiben wird bis zum „Aus in Aus“? Oder ob es gar noch zu einem allgemeinen „Aus in Südwest“ für die Weißen kommen wird? Niemandem, dem etwas an „Namibia“, wie es im Sprachgebrauch der UNO unpassend heißt, gelegen ist, kann es wünschen. Es muß auch nicht so kommen, denn die Chancen zu einer Lösung, die allen Bewohnern einigermaßen gerecht wird, sind noch nicht ganz vertan. Es wird aber auch an unserem Verhalten zu unseren Landsleuten liegen. Mögen sie noch so vieles verkehrt gemacht haben und manchmal arg schwerhörig gewesen sein, sie nur pauschal zu beschimpfen und zu verteufeln wird der Sache nicht gerecht und leistet einer friedlichen Lösung keinen Dienst.

Schade dät's deshalb nix, sollte das Stichwort „Aus“ bei dem einen oder andern ein ehrlicheres Nachdenken darüber auslösen.

69 *Typisches südwester Landschaftsbild auf Hoffmanns Klein-Okombahe bei Omaruru. Der Windmotor pumpt das lebenswichtige Grundwasser hoch.*

Rosel Hoffmann aus Rohracker mit ihrem Liebling Hansi, einem zahmen Steinböckchen.

Die Ochsenwagenräder aus Friedrich Küstners Wagenbau in Otjiwarongo hielten auch die schauerlichsten Buschpfade aus.

Rast unter dem „Finger Gottes".

Wie verloren liegt der kleine Distriktshauptort Karibib in der Endlosigkeit des hier in die Namib-Wüste übergehenden Buschvelds.

Links: Der Bottle Store von Karibib, das Ziel aller Durstigen aus einem Farmdistrikt so groß wie Württemberg.

Unten links: Namibische Christbaum-Konkurrenz: links der Dornbusch, rechts die Nylon-„Tanne".

Unten rechts: Die Zebramanguste Gurri schätzte rohe Eier über alles.

Bayerische Stuttgarter

Nach so vielen Beweisstücken dürften selbst unsere üblicherweise arg argwöhnischen Landsleute nicht mehr daran zweifeln, daß sie sich in Südwestafrika wie drhoim fühlen könnten. Doch zuguterletzt bekam unsere eigene Schwaben-Euphorie wieder einen gewaltigen Dämpfer verpaßt – damit uns ja nie der Kamm schwillt.

Kam da doch kurz vor dem Rückflug der Boß vom Hotel „Kaiserkrone" in Windhuk und sagte zu uns nach all den zahlreichen schwäbischen Bewußtseinsstärkungen: „So, von Stuttgart sind Sie, dann sind Sie ja Bayern."

Das war wie ein Keulenschlag, der uns niederschmetterte. Eigentlich sind wir sonst gar net aufs Maul gfalle, aber diesmal verschlug es uns glatt die Sprache. Wir kamen nicht einmal auf die Idee, die miserablen Geographiekenntnisse unseres Wirts zu verspotten oder uns die vermutlich donnernde Reaktion eines Münchners zum Vorbild zu nehmen, den man irrtümlicherweise zum Schwaben erklärt. Nur zu einer sang- und klanglosen Richtigstellung reichte es: „Nein, immer noch Schwaben." Daraufhin glaubte der allwissende Hotelier noch einmal seine scheinbaren Kenntnisse der deutschen landsmannschaftlichen Szenerie hervorkehren zu müssen und meinte großmütig: „So, die sind ja etwas schlauer als die Bayern."

Hoffentlich rüsten unsere blauweißen Nachbarn wegen dieses schwachen Trostes für uns jetzt nicht eine Strafexpedition nach Windhuk aus. Eine Ausfuhrsperre für Löwenbräu oder BMW tät's fürs erste auch.

Zweite Heimat Karibib

Karibib ist ein liebenswertes, kleines Nest beinahe im Herzen von Südwestafrika. Es besitzt noch etliche typische Häuser aus der deutschen Kolonialzeit und zählte 1960 unter seinen kaum mehr als tausend Einwohnern eine stattliche Zahl von „Altdeutschen" und nach 1945 eingewanderten „Neudeutschen". Das Jahr über ist Karibib für unsere Begriffe meist ziemlich still, obwohl sich eine deutsche Privatschule mit Internat im Ort befindet. Häuser und Menschen verlieren sich in der fast endlosen Weite und schweigenden Leere der steinigen und dornigen Landschaft, aus der sich unweit des Städtchens eindrucksvoll das Inselgebirge des vulkanischen Erongo-Massivs erhebt. Es geht die Sage, daß Festzüge in Karibib kaum Zuschauer haben, weil alle Einwohner am Zug selbst beteiligt sind ... Und das nächste Dorf ist ja nicht, wie bei uns, bloß drei Kilometer weg. Da nützt es auch nicht viel, daß eine Hauptstraße und die Hauptbahn durch den Ort führen.

Im Bottle Store zuhause

Dieses weitläufige, menschlich geruhsame, fast verschlafene, klimatisch dafür um so hitzigere Städtchen war uns in langen Wochen um die Jahreswende 1960/61 als Standquartier für viele Fahrten, Besichtigungen und Besuche eine echte zweite Heimat und damit unvergeßlich geworden. Ganz verständlich wird dies aber erst werden, wenn hinzugefügt wird, daß sich diese Heimat im festungsartigen Marmorbau eines Bottle Stores befand. Der Festungscharakter stand jedoch in keinerlei Zusammenhang mit dem Inhalt des Hauses, der immerhin als wesentlichsten Bestandteil in Hunderten von dick-, dünn-, groß-, weiß-, grün- und braunbauchigen Flaschen mit bunten, originellen Etiketten ein erlesenes Sammelsurium von fast allen denkbaren Formen des Alkohols umfaßte: „White Horse" aus Schottland, Ginger Ale aus England, Weißwein vom südafrikanischen Kapland, Likör aus Griechenland und Sherry aus Spanien, französischen Kognak, dänischen Kirschwein, Schweizer Zwetschgenwasser und italienischen Wermut, ungarischen Dessertwein, Bier aus Bremen usw. usf.
Doch nein, die Alkoholburg war – wie viele alte Häuser Karibibs – nur deshalb mit mächtigen, dicken Marmormauern und mit nur wenigen kleinen Fenstern ge-

baut worden, um die Kühle der Nacht besser für die glühenden Tage speichern zu können. Das war in den alten Tagen der Kolonialzeit die übliche Methode gewesen, nur freilich nicht überall mit Marmor. Aber in Karibib lag der ja vor der Haustür herum, vor allem schön gebändert in Grau.
In diesem Marmortempel des Weins, Whiskys und Wermuts mit seinen schwäbischen Priestern aus Weinsberg, fühlten wir uns wohl wie der Fisch im Wasser, das hier allerdings beinahe kostbarer war als der Alkohol. Allein die Tatsache, daß wir von morgens bis abends fast nur Flaschen um uns herum hatten, war berauschend, und schon durch ihren Anblick fühlten wir uns ständig wie besoffen. Der Herero-Angestellte Gottlieb indessen behauptete trotz christlicher Taufe angesichts von soviel „Geist" immer wieder steif und fest, wir hätten einen „otschiruru", einen bösen Geist im Haus. Er ließe sich aber bestimmt fangen, jedoch – wie sinnig – nur in einer Flasche Milch. Wenn man ihn darin plätschern höre, müsse man die Flasche schnell zumachen. Sie sei dann so schwer, daß man sie nur noch auf dem Boden wegziehen könne. „Am besten in den Kühlschrank", meinte der Hausherr jeweils trocken dazu.
Selbst auf die Gefahr hin, billiger Heuchelei geziehen zu werden, behaupten wir jedoch, daß uns Karibib auch ohne Bottle Store gefallen hätte. Wir haben nie begriffen, warum sich manche Leute nur mitleidig über den kleinen Ort mit seinen 230 weißen und 800 schwarzen Seelen ausließen. Gewiß bot Karibib keine aufregenden Sehenswürdigkeiten und kein atemberaubendes Nachtleben, aber irgendwie besaß es einen eigenen reizvollen Charakter und eine unvergleichliche Atmosphäre mit einer seltsamen Mischung aus Pionierzeit, altmodischer Gemütlichkeit, moderner Annehmlichkeit und melancholischer Verlorenheit in grandioser Weite. Zur Hauptsache bestand es damals aus einer Häuserzeile entlang der den Ort durchquerenden Hauptstraße Windhuk-Walfischbai, die übrigens so breit war, daß nur in der Mitte ein Streifen geteert wurde und alles übrige rechts und links davon im steinigen und sandigen Urzustand liegen blieb. Parallel zur Straße verlief der Schienenstrang, der nicht zuletzt einen günstigen Abtransport der um Karibib herum in kleinen Minenbetrieben abgebauten seltenen Erze wie Petalit, Lepidolit, Ambligonit und Tantalit, vor allem jedoch Lithium ermöglichte, das inzwischen weiter an Bedeutung gewonnen hat. Jenseits des Bahngleises erhob sich, fast wie abgesondert, die Kirche und unweit davon das vielleicht kleinste Rathäuschen, das es jemals irgendwo gegeben hat. Auf der andern Seite lag hinter der Hauptstraße ein hübsches, winziges Postämtle, wo wir jeden Tag Briefe holen

wollten, die nicht da waren, und wo die Portokosten für einen per Luftpost und Einschreiben nach Deutschland zum Entwickeln geschickten Film niemals gleich waren, sondern zwischen Extremwerten von umgerechnet fünfzig Pfennig und zwanzig Mark schwankten. Außerdem befand sich auf dieser Seite die deutsche Privatschule mit Schülerheim, die schwäbische Pension Ströbele und ein Mini-Freibad am Hang, in dem morgens einmal ein ertrunkener Leopard herumschwamm.

An der Hauptstraße selbst standen noch einige lustige Gebäude im einstigen treudeutschen Kolonialstil. Der leere, halb verfallene „Kaiserhof" hätte eine eindrucksvolle Kulisse für einen Wildwestfilm abgeben können.

Schließlich darf nicht die irrige Meinung aufkommen, ein Bottle Store sei nur ein reines „Freudenhaus", denn da der Alkoholverkauf in staatlicher Lizenz und für Schwarze und Mischlinge nur nach einem bürokratischen Permitsystem erfolgte, das laufend von der Polizei kontrolliert wurde, war es nicht mit Geld kassieren getan. In der Alkoholbuchführung mußte der Eingang und Ausgang jedes Pints bis zum letzten Fläschle Underberg genau registriert werden. Während die Coloureds ohne weiteres ein Permit für ein bestimmtes Quantum Blaumacher erhielten, gab es für ihre dunkleren Brüder ein solches nur, wenn sie als anständig bekannt waren oder irgendwelche Ämter bekleideten. Schwarz-Lehrer Simeon zum Beispiel konnte laut amtlichem Dekret allwöchentlich vier Flaschen Bier, eine Flasche Wein und eine halbe Flasche Brandy konsumieren, wenn er wollte (und finanziell konnte). Weiterverkauf war natürlich ebenfalls streng untersagt. Ferner war es weder Schwarz noch Weiß gestattet, gleich im Store Alkohol zu trinken (aber hinter dem Store, wovon auch wir profitierten, manchmal sogar entschieden zuviel).

Da uns auch als unanständigen Menschen Alkohol grenzenlos zustand, fehlte selbst für unsere Exkursionen im Reiseproviant nie eine Flasche Brandy. Bei unserem Besuch im „Versteinerten Wald" und bei der „Weißen Dame" im Brandberg hat eine solche sogar eine besondere Rolle gespielt. Auf dieser Fahrt passierte uns nämlich das einzige nennenswerte Malheur mit unserem Käfer auf den insgesamt über 100 000 Afrika-Kilometern, die er später auf seinem Bückele hatte. Als wir der berühmten und geheimnisvollen „White Lady", die auf ein ehrwürdiges Alter von etlichen tausend Jahren zurückblicken kann und „nur" eine Felsmalerei ist, per Auto näherkommen wollten, als es sonst üblich ist, blieben wir derart im Sand stecken, daß wir bis in die Vollmondnacht hinein vergeblich schufteten und sich schließlich der Rückwärtsgang nicht mehr einlegen ließ. Dabei gingen fast alle unsere Trinkvorräte drauf, so daß wir anderntags in der Gluthitze des „Versteinerten Walds" entsetzlich Durst litten, zumal dieser komische liegende Wald nach zweihundert Millionen Jahren leider nicht mehr den geringsten Schatten spenden konnte. Mußte das einst in der permischen Pluvialzeit hier schön gewesen sein ...

In dieser Situation griffen wir in letzter Not zur Brandyflasche, wohl wissend, was wir damit erreichen würden. Werner soff in einem unhaltbaren Zug beinahe die halbe Bottle leer, und es bedurfte sogar der Gewalt, ihn daran zu hindern, auch noch die andere Hälfte in sich hineinzuschütten. Das Ergebnis bei dieser Hitze kann sich jeder leicht selbst ausmalen. Für den Augenblick war Werner zwar vor dem Verdursten gerettet, dafür drohte ihm aber jetzt eine andere Art, umzukommen. In seinem „Balle" setzte er sich in den Kopf, eine mindestens zweieinhalb Meter hohe Informationstafel besteigen und dort oben einen schlagzeugenden Louis Armstrong spielen zu müssen, und das auch noch splitterfasernackt. Einerseits war es ein Bild zum Totlachen, wie er dort oben hing, mit den Fäusten auf die Blechtafel eintrommelte und dabei so schauerliche Töne ausstieß, daß bestimmt sämtlich eventuell schon in der Nähe lauernde Hyänenhunde, Schakale, Leoparden und Wüstenluchse schleunigst Reißaus nahmen. Aber plötzlich war es nicht mehr zum Lachen. Wenn er nun herunterkippen und sich das Genick brechen würde? Auch bei mir begann der Brandy zu wirken, schon sah ich die Schakale zurückkommen und um Werners Leiche kreisen ...

Von da an wußten wir nichts mehr. Aber am andern Morgen fanden wir uns nach langem Schlaf kreuz und quer, jedoch unversehrt im Auto wieder, ohne zu wissen, wie wir hineingekommen waren. Nur wie eine kräftige, säuerlich stinkende Portion Mageninhalt – aus beiden möglichen Richtungen – hineingekommen war, das war weniger rätselhaft. Dann fiel uns ernüchtert der streikende Rückwärtsgang wieder ein, doch Werner hatte sich schon wieder ganz gefangen: „reg' de doch net onödig uff, des isch doch besser wie omkehrt – was moinsch, wenn wir rückwärts hoimfahre müßten!"

Heiße Weihnachten – heiße Rote

Um Mißverständnisse von vorneherein zu beseitigen: bei den Roten handelt es sich nicht um Linksradikale, sondern um etwas viel Angenehmeres, Schmackhaf-

teres, nämlich unsere heißgeliebte rote Würscht. Heiße Weihnachten ist dagegen ganz wörtlich zu nehmen, denn es geht um ein Christfest im Wüstenstädtchen Karibib, wo 1960 im Dezember unser Thermometer in der Mittagszeit mehrmals auf 45–47 Grad im Schatten stieg. Die Hitze war zudem schwül und drückend, doch waren unsere schweißnassen Körper die einzigen Spuren der Regenzeit, die um Weihnachten eigentlich sein sollte. Grell und unbarmherzig brannte die Sonne Tag für Tag auf das ausgedörrte kahle Land, das hier schon merklich vom Busch in die Wüste überging. Deutsche Reklamemacher hätten wahrscheinlich ganz einfach gesagt: es war so heiß – heißer geht's nicht.
Am Vormittag des 24. Dezember war eine emsige Geschäftigkeit an die Stelle der üblichen Karibiber Ruhe getreten. Die Siedlung ist immerhin Distriktshauptort von fast 20 000 Quadratkilometern, was ziemlich genau der Fläche des alten Württembergs entspricht! Aber da es sich nicht um fruchtbare Acker-, liebliche Wiesen- und romantische Waldflächen handelt, sondern um Dornbusch und Wüstensteppe, wird dieser riesige Bezirk nur von knapp 10 000 Menschen bevölkert, von denen jetzt mindestens die Hälfte in Karibib beim Einkaufen zu sein schien. Und fast alle von ihnen hatten auch den Bottle Store zum Ziel, wo an jenem Vormittag ein unbeschreiblicher Hochbetrieb herrschte, denn zu den Distriktlern kamen noch viele ausgetrocknete Weihnachtsurlauber, die zu Tausenden in fast ununterbrochener Auto-Folge und in einer einzigen gewaltigen Staubwolke vom Landesinnern über Karibib an die erfrischende Küste entflohen oder als Fahrgäste des Liegewagensonderzugs nach Swakopmund den Aufenthalt in Karibib zu einem Drink benützten.
Mehr noch als bei uns scheint in heißen Ländern Weihnachten mit Trinken gleichgesetzt zu werden. Selbst die Polizeistreitmacht Karibibs von vier oder fünf Mann soll schon mittags um Zwölf betrunken gewesen sein, obwohl viele damals die politische Situation bereits sorgenvoll betrachteten und in der Bevölkerung Aufstandsgerüchte kursierten.
So viel als sicher nicht unnütze informatorische Vorbemerkung. Sie muß jedoch noch um einen sehr wesentlichen Punkt ergänzt werden, daß es nämlich seinerzeit in Karibib einen der wenigen deutschen Metzger in SWA gab, die eine hervorragende Wurst produzierten. Das war besonders für d'Chefin vom Bottle Store als Metzgers- und Gastwirtstochter aus Weinsberg, die in diesem Buch schon früher eine lebenswichtige Rolle gespielt hat, ein Glücksfall, von dem auch wir damals am Vormittag des Heiligen Abends profitierten. Als Werner von einer Kun-

denfahrt mit dem alten Buick zurückkam, wischte sich Magde Dömel geborene Gailing erst mal den Schweiß von der Stirn und erteilte den sympathischen Befehl: die nägscht Fahrt geht zom Metzger, hol zwanzig Rote zom Veschper!" – „Wieviel?!", fragte Werner ungläubig und rechnete schnell die für den Verzehr in Frage kommenden Personen zusammen. Aber er kam nicht über vier Erwachsene und zwei kleine Kinder hinaus. Solche Mühen machte sich Frau Magde gleich gar nicht, denn wenn's um die Wurst ging, lautete ihr Grundsatz: lieber zviel als zwenig. Als der Hauptsturm im Store vorbei und die Roten heiß waren, haben wir doch ungelogen auf der schattigen Veranda und unter Zuhilfenahme einer nicht geringen Menge des herrlichen Swakopmunder Hansa-Biers alle zwanzig Würste „verputzt". Anschließend sanken wir in einen zweistündigen Schlaf, um so die tote Zeit ohne Schatten optimal zu überbrücken. Dann war es höchste Eisenbahn, auf die Suche nach einem einigermaßen weihnachtlich aussehenden Christbaum zu gehen. Es gab zwar die Möglichkeit, für runde hundert Mark eine schöne grüne Tanne im Schiffskühlraum vom Schönbuch oder sonstwoher über Walfischbai zu importieren, was jedoch mit dem Risiko verbunden war, daß der Baum in Karibib nach seiner Wüstendurchquerung ohne Nadeln eintraf und somit seinen hehren Zweck nicht mehr voll zu erfüllen vermochte. Da konnten wir also gleich, wie die meisten andern auch, in den umgebenden Busch gehen und von dort einen ordentlichen Strauch holen. Der war dann wenigstens nach Art des Landes und immer noch schöner und origineller als die zwar praktischen und preiswerten, aber geschmack- und atmosphärelosen Nylon- oder Blechtannen, die nach dem Fest wie ein Hampelmann oder Regenschirm zusammengeklappt und so problemlos bis zum nächsten Einsatz aufbewahrt werden.
Eigentlich hatten wir barfuß gehen wollen, aber wie von der Tarantel gestochen zogen wir unsere Füße zurück, als wir aus dem Haus traten. Sand und „Klippen" (Steine) waren immer noch so glühend heiß, daß sie wie tausend spitze Nadeln stachen. Also stolperten wir beschuht über das Eisenbahngleis und schlugen uns – was man sonst nur zu profaneren Zwecken tut – gleich hinter der Kirche der Rheinischen Mission, wo Herero- und Damara-Damen ihre Weihnachtschoräle übten, in die Büsche. Da die Auswahl bekanntlich um so schwieriger wird, je größer das Angebot ist, zog sich die Suche nach dem richtigen Dornbusch in dem millionenfachen Bestand an potentiellen Pseudochristbäumen ziemlich lange hin. Dafür bestand wenigstens nicht die Gefahr, daß ein Förster an unserem trotz des Gluthauchs recht bewegten Tun Anstoß nahm.

Endlich waren wir überzeugt, vor dem wohlgeratensten graugrünsten, undornigsten und im Format geeignetsten „Hakie" weit und breit zu stehen. Genüßlich malten wir uns aus, wie er mit Glaskugeln und Lametta behängt wirken mußte. Da stellten wir fest, daß keiner von uns dreien an Säge oder Beil gedacht hatte...

Die Bescherung konnte trotzdem rechtzeitig stattfinden. Aber obwohl wir den großen Augenblick der Hitze wegen weit hinausgezögert und auf die Veranda verlegt hatten, war es zunächst eine „schöne Bescherung", weil die Wachskerzen an unserem Paradechristbaum trotz aller Tricks absolut nicht standhaft blieben, sondern sich devot so sehr nach unten bogen, daß unten oben war, sie jedoch dort auch nicht angezündet werden konnten, weil sie ja an dieser Stelle im Kerzenhalter steckten. Aber schwäbische Tüftler finden immer einen Ausweg: wir machten die Kerzen so kurz, daß sie sich gar nicht mehr biegen konnten.

Spät am Abend gingen wir noch zum Backofen, sprich Kirche, wo die unter dem Wellblechdach aufgestaute Hitze des Tages von der sich drängenden, schwitzenden Masse phantastisch bunt gekleideter Eingeborener fast ins Unerträgliche gesteigert wurde. Das modische Überbleibsel aus der Jahrhundertwende, das eher auf einen Maskenball gehört hätte, sieht ja prachtvoll aus, ob aber diese wilhelminische Kostümierung der Hereroinen mit bodenlangen und hochgeschlossenen Kleidern, mit Schals und turbanartigen Kopfbedeckungen bei Hitzepol-Temperaturen das Richtige ist, haben wir noch nie so bezweifelt wie in dem stickigen, schweißgeschwängerten Saunaklima, das uns beinahe ohnmächtig werden ließ. In etwas weniger Meter Stoff eingewickelt, wäre der Herero-Look zwar nicht so nostalgisch, dafür jedoch bestimmt zweckmäßiger und hygienischer.

Nach der Kirche fuhren wir noch einmal in den Busch, um im einsamen Wasserspeicher der Viehfarm eines jungen Freundes ein erfrischendes Bad zu nehmen (das kleine städtische Schwimmbad lag wegen Wassermangels trocken). Es herrschte totale Stille, nur ab und zu knarrte das Flügelrad des Windmotors oben am Gittermast und pumpte kühles Grundwasser in die Algenbrühe nach. Der nachtblaue Himmel über uns funkelte und glitzerte wie mit Millionen Diamanten besetzt. Keiner von uns sprach ein Wort, denn die Gedanken gingen nach Hause, nach Angola und zum Kongo, zu den Menschen hier, zurück in die Vergangenheit dieses Landes und nach vorn in seine fragwürdige Zukunft. Diese Gedanken waren unweihnachtlich schwer. Rote spielten darin auch eine Rolle – diesmal die andern.

Heile kleine weiße Welt

Die Fahrten, die wir von Karibib aus unternahmen, waren nicht immer risikolos, wie wir bereits gehört haben. Doch am gefährlichsten waren die allerkürzesten, nämlich die Karibiber „Stadt"fahrten, die Werner täglich mit Dömels bulligem Buick machte, wenn er sich als Ausfahrer für die telefonisch bestellten Flaschen betätigte. Gewiß lag das nicht etwa am Karibiber Verkehr, denn Begriffe wie rush hour oder Verkehrsstau kannte man dort nur vom Hörensagen. Aber oft machten sich Kunde und Werner gleich gemeinsam über eine Flasche her, denn in Karibib hatten die Leute Zeit, viel Zeit – was uns wieder völlig fremd war. Wenn dann noch jemand von auswärts kam und wie Werner gar von drüben, ließ man sich die Chance für Neuigkeiten und Abwechslung nicht entgehen. Dafür entging Werner manchmal nur mit knapper Not dem auch in Karibib wachenden Auge des Gesetzes, wenn er auf der falschen Straßenseite daherstäubte oder am schrankenlosen Bahnübergang eine der riesigen dunkelroten amerikanischen Dieselloks zu aufgeregtem Geheul ihres Signalhorns provozierte.
Immerhin lernte Werner dadurch nicht nur unzählige Flaschen kennen, sondern auch viele Karibiber Häuser und ihren Inhalt. So war er bald stadtbekannt, und umgekehrt wurde uns auf diese Weise die Stadt bekannt. Dabei entpuppten sich immer mehr Karibiber als solche, mit denen wir schwätzen konnten, wie uns der Schnabel gewachsen war, die nicht zu der Zwittergruppe derer gehörten, die nur so mit „Pad" und „stief" und „mooi" und „kwai" um sich warfen*), ein Auto „servicen" ließen oder sich zu Sätzen verstiegen wie „Diese Flasche machst Du vlugs in die Bade". Gott sei Dank gab es auch noch Landsleute, die im rechten Augenblick Kraftausdrücke wie Saubachel und Granatedackel oder so interessante Wortschöpfungen wie häbich, Grattel oder Furzklemmer parat hatten**).
Namen lassen wir in diesem Zusammenhang lieber weg, damit sich nicht einige als ungebildet diskriminiert fühlen. Dafür seien drei schwäbische Karibiber genannt, bei denen der Verdacht, Furzklemmer in den Mund genommen zu haben, gar nicht erst auftauchen kann, weil sie entweder mit der Mission oder mit der Schule zu tun hatten. Aber trotzdem auch mit dem Bottle Store – in einer so dur-

---

**) Pad, mooi und kwai, afrikaans für Straße, gut und böse. Die Herkunft von „stief" = viel ist unklar.*
***) Häbich = brav, anständig; Grattel = Stolz, Einbildung; Furzklemmer = Geizkragen. Alle drei aus dem Wortschatz von Basisschwäbisch.*

stigen Gegend, über die gerade in der Weihnachtszeit unheimliche Sand- und Staubstürme fegten.
So löschten wir also den Durst von Frau Piper aus Wasseralfingen, deren Mann als Drucker bei der Rheinischen Mission arbeitete, ebenso wie den von Fräulein Hoch, die an der Deutschen Privatschule unterrichtete und die über ihren Vater, einen Farmbesitzer, Güglinger Blut in ihren Adern rollen hatte. Vor allem aber ist hier des Ehepaars Heltmaier aus Neuenbürg zu gedenken. Die beiden bemühten sich ebenfalls an der Deutschen Schule, und zwar mit viel Erfolg und Anerkennung, nicht nur um die Vermittlung von kleinen und großen Einmaleinsen, sondern auch um die Stärkung außerschwäbisch-deutschen Kulturguts wie etwa der Orffschen Schulmusik beim Nachwuchs des afrikanischen Südweststaats.
Wir selbst standen dagegen a bißle in dem Geruch, verderblichen neudeutschen Sittenverfall zu repräsentieren. Farmerskinder, die vom Internat kommend tagsüber die Straßen bevölkerten, brachten dies auf ihre Weise zum Ausdruck. Werner hatte sie offenbar mit seinen unsittlichen superkurzen Shorts schockiert, die in einem nicht zu übersehenden Gegensatz zu den englisch inspirierten Shorts standen, deren Hosenbeine mit der Weite eines Damenrocks bis über die Knie der verunzierten Jugendlichen hinunterhingen. So mußte er eines wie immer schönen Tages über sich ergehen lassen, daß ihm eine ganze Mädchenklasse auf der Straße im Sprechchor nachrief: „Noch höher die Hose – noch höher die Hose!" Aber Werner ließ sich dadurch nicht aus seiner Gemmrigheimer Fassung bringen, versteht sich. Es hätte im Gegenteil nicht viel gefehlt und er wäre der Aufforderung nachgekommen ... Wer aber beschreibt unser Erstaunen, als wir 1969 auch im Süden Afrikas kurze Hosen feststellten, die diesem Namen gerecht wurden.
Nach diesem kurzen Abstecher über den Charakter südwester Schülerdemonstrationen, gehen wir noch einmal zu Heltmaiers, weil wir ihnen viel an Wissen über Karibib und Südwest verdanken. Am Tag vor dem Heiligen Abend 1960 führten sie uns zum ersten Mal in die berühmte Philips-Höhle auf Farm Ameib im wildromantischen Erongo. Genauer gesagt handelt es sich nicht um eine Höhle, sondern um eine vielleicht 25 Meter breite, acht bis zehn Meter tiefe und am Eingang etwa drei Meter hohe Felsnische, an deren Rückwand sich zahlreiche interessante Felsmalereien befinden. Die bekannteste davon ist der „Weiße Elefant", etwa 40 mal 50 Zentimeter groß und umgeben von Jagdzügen, die in braunen Erdfarben gemalt sind.
Auf das Rätsel von Herkunft und Alter der als Buschmannsmalerei bezeichneten

Felskunst werden immer wieder neue Antworten gegeben. Außer den Buschmännern wurden sie schon Nubiern zugeschrieben, die nachweislich bis SWA gelangt sein sollen. Entsprechend schwanken die Altersangaben zwischen 2000 und 10 000 Jahren, ganz abgesehen davon, daß ohnehin nicht alle der beinahe unzähligen, bis heute in SWA festgestellten Felsmalereien und -ritzungen gleich alt sind.

Das alles mag Abbé Breuil und andere Experten, auch aus Stuttgart und Köln, beschäftigt haben. Uns hingegen machte mehr die Frage Kopfzerbrechen, wie wir in der dunklen Grotte zu anständigen Dias kommen sollten. Man möge uns verzeihen, daß wir dazu ganz, ganz vorsichtig die alten Kunstwerke mühselig mit Spucke etwas aufgefrischt haben. Können Sie sich vorstellen, was das bei 40 Grad im Schatten hieß? Daß die Hörner einer Antilope längst wieder trocken und matt waren, bis wir mit dem Anfeuchten an den Schwanz kamen? Das war schon Strafe genug ...

Doch nicht nur die Philips-Höhle, der ganze urweltliche Erongo nahm uns völlig gefangen. Zwischen den nackten himmelstrebenden Felsspitzen und den gewaltigen, monströsen Verwitterungsformen in stimmungsvoll zum tiefen Himmelsblau kontrastierenden Braun- und Ockertönen, in der lautlosen Kirchenstille einer jahrmillionenalten Arena des Vergehens hatten wir das Gefühl, gar nicht mehr auf unserer Erde, sondern unendlich weit weg auf einem fremden Stern zu sein. Bis die Feierlichkeit unterbrochen wurde durch unsere Heiterkeit beim Anblick der sogenannten Hosenbeine, einer lustigen und eindrucksvollen Felspartie, deren ins Riesenhafte gesteigerte Ähnlichkeit mit der englischen Sorte von Shorts frappierend war.

Auf einer anderen Kundfahrt von Karibib aus sind wir auf einer Vierte-Klasse-Pad an einem der entlegensten, kaum zugänglichen Punkte einem höchst segensreichen fahrbaren Labor begegnet. Die Landesverwaltung hatte die Einrichtung angeschafft, um überall an Ort und Stelle das Grundwasser auf seine Brauchbarkeit hin untersuchen zu können – sofern es überhaupt vorhanden ist. Wie aber das Labor in die unwegsamen Gegenden bringen, die in „Südwest" weit umfangreicher sind als die wegsamen? Man setzte es auf ein Fahrzeug aus Ulm – Magirus macht's möglich.

Nach solchen Zwischenspielen ließen wir mit neuer Freude beim Sundowner auf der Veranda mit Bier, Whisky oder Sherry zum soundsovielten Mal Dömels eisernen Schallplattenbestand ablaufen. Die zauberhafte kleine „Patricia" und die musikalische Mahnung „Nur nicht umschaun, denn man verfolgt uns", werden wir bestimmt bis an unser Lebensende nicht mehr los. Und genauso die zwar offene, aber unschwer zu beantwortende Frage „So beginnt das Spiel – nur ein Küßchen – aber was kommt dann, ja da-a-ann?" Wir besitzen die Platten nämlich immer noch, als Erinnerung mitbekommen, und manchmal versetzen sie uns nach vielen Jahren auf liebliche Weise wieder zurück auf die schattige Veranda hinter dem Bottle Store von Karibib.

Doch seltsam: Erich Herrmanns Stuttgarter Rundfunk-Fritzle mit seinem Lied „Ja, bei ons wird gschafft" konnten wir fern der Heimat jeden Tag aufs Neue ohne Übelkeit hören. Dagegen waren unsere Meinungen je nach Laune sehr wechselnd, wenn der von Erich Zimmermann dirigierte Männergesangverein Kornwestheim, der offensichtlich ein Monopol für deutsche Volkslieder in Afrika errungen hatte, den Wunsch äußerte „Nach der Heimat möcht' ich wieder". „In einem kühlen Grunde" jedoch, das mußten wir an jenem 3. Dezember 1960, an dem unser Thermometer die Rekordzahl von 47 Grad im Schatten erreicht hatte, als blanken Hohn empfinden.

Karibiblisches

Karibib hat e bißle Ähnlichkeit mit unserem „heilige Korntal". Das kommt daher, daß es ein Zentrum der „Rheinischen Mission" ist, wovon weithin sichtbar eine „gotische" Kirche kündet. Deren Entstehungsgeschichte dürfte einmalig sein, denn angeblich ist sie ein Hochzeitsgeschenk für eine Karibiberin. Die fromme Bürgerstochter soll für ihr Jawort an einen Bauunternehmer den Bau einer Kirche in Karibib verlangt haben! Hätte dieses Verfahren Schule gemacht, gäbe es längst keinen Mangel mehr an Schulen, Kirchen, Schwimmbädern und anderen für die Allgemeinheit segensreichen Einrichtungen.

Eine Schule besonderer Art ist das 1938 gegründete „Paulinum" zur Ausbildung von einheimischen Evangelisten und Pastoren. Außerdem gab es in Karibib eine Schule für etwa 150 schwarze und farbige Kinder, sowie auf der „Werft", der Eingeborenensiedlung, einen von Eingeborenen geleiteten Kindergarten – also noch ein gemeinsamer Wesenszug mit der Schulstadt Korntal.

In der kleinen Missionsdruckerei arbeitete ein Mischlingsmädchen als Setzerlehrling, von dem folgende köstliche Geschichte erzählt wird. Ein Weißer soll das

Zyklopische Felsen-Arena im Erongo-Gebirge (man beachte das zweibeinige „Insekt"!). Der Pfeil deutet auf die „Garage" für den VW-Bus.

An der deutschen Privatschule in Karibib demonstriert Jörg Heltmaier Orff'sche Schulmusik.

Aus gutem Grund sitzt das fahrbare Grundwasserlabor der südwester Verwaltung auf einem Magirus aus Ulm.

hübsche junge Fräulein einmal spöttisch gefragt haben, warum es denn so hellhäutig sei. Die spontane Antwort sei gewesen: „Weil mein Vater noch ein Kannibale war und eines Tages einen Weißen gefressen hat!"

Geschichten gibt's in diesem kleinen Karibib, die sind kaum zu glauben, außer natürlich die biblischen, die in der Rheinischen Mission gedruckt werden. Wenn sie allerdings auch noch farbig illustriert werden sollten, mußte man offenbar auf Stuttgarter Hilfe zurückgreifen, denn die „Heilige Skrif in kleurdruk-prente" trug unauffällig den Vermerk: „Druck: Belser-Druck – Stuttgart". Im übrigen entpuppte sich das kleine Lehrbüchlein für biblische Geschichte wegen seiner Viersprachigkeit in Herero, Nama (Hottentottisch), Ovambo und Afrikaans als ein bemerkenswertes Stück Kulturgeschichte.

Außer Biblischem druckte die „Rynse Sending Drukkery" auch Weltliches, zum Beispiel Liederbüchlein in Nama. Danach wurde schnalzend und zischend „Preisend mit viel schönen Reden" und „Droben stehet die Kapelle" gesungen, allerdings wohl nur die Melodie, nicht der Text, wie uns spätestens klar wurde, als wir auf die Überschrift stießen: „O wie ist es kalt geworden" ...

Auch sonst war im südwester „heiligen Korntal" nicht alles so biblisch, wie man vermuten könnte. Die altbekannte Forderung etwa „Du sollst deinen Nächsten lieben wie dich selbst" wurde zwischen Weiß und Schwarz so gut wie gar nicht praktiziert. Verwunderlich erscheint das freilich in einem Land nicht, wo man die Frau Farmer zum Herrn Farmer sagen hörte: „Wenn Du nach Windhuk kommst, dann bestell' mir auch gleich einen neuen Ovambo." Doch Hand aufs Herz: ist Unmenschlichkeit dieser Art nur ein Rassismus-Merkmal? Hatte nicht auch ein SWA-Deutscher in unserer Gegenwart zu einem andern, der in die Bundesrepublik reiste, gesagt: „Grüßen Sie mir Deutschland, aber nicht die Deutschen!"

Wenn man irgendwo so drhoim isch, wie wir es in Karibib gewesen sind, dann teilt man auch die Sorgen der Menschen. Manche dieser Sorgen waren, so schwer sie auch drückten, verhältnismäßig leicht zu nehmen, wie folgendes Gespräch zum südwester Allerweltsthema Regen zeigt.

„Haben Sie in Karibib auch keinen Regen gehabt", fragt der eine. „Doch", entgegnet der andere, „bei uns hat es schon stief geregnet." Darauf erstaunt der erste wieder: „Ach nee, das ist ja sehr erfreulich – wann denn?" Und furztrocke wie das Land, kam die Antwort: „1934".

Viel schlimmer entwickelten sich langsam die politischen Sorgen, die der biblisch untermauerten Apartheid entsprangen. Am 17. November 1960 lautete eine

Schlagzeile der „Allgemeinen Zeitung" aus Windhuk: „Die Weißen ins Meer treiben..." („...woher sie gekommen sind"). Das hatte nicht irgendein „Kaffer" in Okahandja oder Outjo gesagt, sondern Mburuma Kerina, alias Getzen, vor der UNO, deren Eingreifen er verlangte. Vielen verging nun das Lachen darüber, mancher Farmer hatte nachts sein Gewehr am Bett und unter Anleitung der Polizei wurden auch in Karibib regelmäßig Schießübungen für Zivilisten („Schießkommandos") abgehalten.

Trotzdem ergoß jeden Morgen die Sonne wieder ihre gleißende Lichtflut über das umstrittene Land und verdrängte schnell die Ängste und Schatten der Nacht. Völlig vergessen waren die Sorgen, als in Karibib die Delegierten des „Südwestafrikanischen Sängerbunds" tagten, denn da wurde nicht nur geredet, sondern auch gesungen, getrillert und jubiliert, als ob man von einem Garten Eden, nicht von einer grausamen Wüste umgeben wäre. Dabei fiel auf, wieviele junge Sänger zwischen zwanzig und dreißig Jahren etwa in den Reihen des MGV Swakopmund standen. Heute noch klingt uns das von diesem Chor gesungene sehnsuchtsvolle Lied in den Ohren: „... und wo der Dornbusch blüht, und wo die Sonne glüht und rauscht das Meer Grüße von Deutschland her."

Möge es nie so weit kommen, daß sie in dieses Meer getrieben werden.

„... ich liebe Südwest"

Nicht nur mit Menschen, auch mit Tieren hatten wir bald Freundschaft geschlossen, zum Beispiel mit einer zahmen Zebramanguste namens Gurri. Herrchen und Frauchen des munteren Gurri waren die Bottle-Store-Nachbarn Gretschel, das heißt, daß uns Gurri täglich besuchen und sein Köpfchen neugierig in unsere Hosentaschen stecken oder uns im Hemdausschnitt zufrieden quickend Gesellschaft leisten konnte. Überglücklich gebärdete sich der langkrallige Schlangenjäger, wenn wir ihm ein rohes Ei stifteten, das er mit aufgeregten Ihtschihtschihtsch-Lauten possierlich zwischen die Vorderpfötchen nahm, wie weiland Columbus leicht auf den Boden schlug und dann mit sichtlichem Wohlbehagen ausschlürfte.

Meist sagen die Leute zu den einschließlich Schwanz etwa einen halben Meter langen Mangusten einfach Mungo, was ja viel geläufiger und wohl auch nicht falsch ist. Gurri war ein Musterexemplar davon, mit entzückendem spitzem Schnäuzchen, lustigen Äuglein, runden Öhrchen und langen, rauhen graubraunen

Haaren. „So eine Ratte“, schimpften manche verächtlich, aber das war eine glatte Beleidigung für den anhänglichen Gurri und sein prächtig zebragestreiftes Fell. Vom Körperbau her war das unerhört flinke und gewandte Kerlchen eher mit einem kleinen Dachs zu vergleichen. Ein liebenswerter Frechdachs war er auf jeden Fall, und als mutiger Schlangen- und eifriger Mäusefeind ein nützlicher dazu.

Auch die Pflanzenwelt war seltsam fremd für uns, wenn man von einigen wilden Gewächsen absieht, die zuhause nur im Blumentopf hinter den Fenstern gedeihen. Aber sie war höchst interessant und reizvoll, was angesichts eines so steinreichen, dürren und schon halb „verwüsteten“ Landstrichs wie Südwestafrika kaum glaublich klingen mag. Es ist eine Vegetation, die meistens nicht auffällig ist, bei genauerem Hinsehen jedoch von eindrucksvoller Beschaffenheit, erstaunlicher Vielfalt und bewundernswerter Anpassung zum Überleben in einer existenzfeindlichen Umwelt. Das Unscheinbare wird hier zum Erlebnis. Wie unwirklich und rührend schön erscheinen etwa die ersten blühenden Dornbüsche im Südfrühjahr, wenn die kahlen, langdornigen Sträucher über und über mit winzigen sattgelben Blütenkügelchen geschmückt vor dem tiefblauen Himmel stehen und einen wunderfeinen, kaum wahrnehmbaren herb-süßen Hauch von Wohlgeruch über das erbarmungslos verbrannte Land legen, so betörend, daß er beinahe verzaubern kann. Wenn es gar einmal regnete, dann brach stellenweise über Nacht der reinste Blütenrausch aus, vor allem dort, wo sich Wasser ansammelte und einige Zeit stehen blieb. Zauberhafte wilde Blumengärten aus süß duftenden, rosafarbenen Liliengewächsen leuchteten unwahrscheinlich aus der graubraunen Eintönigkeit der weiten Steppenebene: Amaryllis Belladonna, von den Eingeborenen früher Garibeb genannt – merket Se was? Daher soll der Name Karibib kommen. Kann man sich einen schöneren Namen für sein Zuhause denken? Oder sind Sie jetzt enttäuscht, weil Sie dachten, Karibib hinge mit bibbern zusammen? Aber daß des net sei kann, hätte' Se eigentlich glei merke misse – oder hen Sie scho emol vor Hitze bibbert??
Oft sind wir nach „Dienst- und Ladenschluß“ noch für eine Stunde draußen romgschtrielt, irgendwo in der Einsamkeit des Buschs, haben uns auf einen warmen, nackten und glatten Fels gelegt und wortlos hinausgeblickt in die riesige Buschfläche, in der unter anderem ein „Sargdeckel“ und eine „Jungfrau“ recht unpassend zueinander herumlagen – originelle Namen sehr phantasievoller Leute für Berge mit angeblich entsprechenden Formen. Die scheidende Sonne spiegelte sich eines

Abends nach einem Gewitterregen in unzähligen kleinen Vleys und Wasserlachen, so daß die öde Landschaft plötzlich in einem schimmernden Silberschmuck erstrahlte, wie ein glitzerndes Diadem hingebreitet vor die dunkle Silhouette der zackigen Bergkette fern im Westen.

An einem andern Abend wölbte sich über uns ein rabenschwarzer Himmel. Nur über den tiefvioletten Bergen im Westen lag der berühmte Silberstreifen am Horizont. Langsam verfärbte sich das blendende Weiß in Orange-, dann in Dunkelrot. Den ganzen Tag über hatten sich braune Staubhosen wie schlanke Rauchsäulen oder riesenhohe schmale Schläuche in den dunstigen und flimmernden Himmel erhoben. (Laut Herero Gottlieb reisten in ihnen die bösen „otschirurus" über Land). Jetzt wanderten gewaltige grauschwarze Vorhänge schnell über die unermeßliche Fläche zwischen uns und den Bergen hinweg. Fast sahen sie wie Regenböen aus, aber ihre nach oben wirbelnde Form wies sie als Sandstürme aus. Gegen Norden leuchteten einige felsige Abstürze glutrot aus dem sonst finsteren Gebirgsstock des Erongo, als ob sich wieder Lavaströme über seine Flanken wälzten und schon in den nächsten Sekunden das Feuerspeien wie in längst vergangenen Zeiten wieder beginnen könne.

Plötzlich waren auch wir mitten drin in dem staubigen und sandigen Nebel. Feine Sandkörnchen kitzelten und schmirgelten unsere ziemlich nackten Körper. Und schon war der Spuk wieder vorbei, ein paar dicke Regentropfen klatschten kühlend auf unsere Haut, aus weiter Ferne hörten wir den „Union Train" aus Südafrika durch den Busch pfeifen, eine kleine Staubwolke weitab zeigte an, daß dort das einzige Auto weit und breit auf einer mehligen Piste verloren die Einsamkeit durchkreuzte. Totenstille umgab uns, als wir wieder zur Pad hinuntergingen. Kein Hauch war mehr zu verspüren, so daß sich die Wärme wie eine mollige, schwerelose Decke um uns legte.

Wir wagten nicht, den Motor anzulassen. Wie konnten wir diesen überirdischen Frieden stören, in dem nichts zu hören war als ab und zu das dumpfe Muhen und Brüllen der Kühe und Ochsen irgendwo in der verdorrten Wildnis, der Schrei eines Vogels oder das regelmäßige quitschende Auf und Ab des Pumpengestänges eines Windmotors. Mit jedem Tag wurden wir von diesem Land, das nicht mit Üppigkeit und Reichtum prunken konnte, sondern durch die Einfachheit einer strengen Urnatur überwältigte, mehr verzaubert. Nicht nur der feine, würzige Dufthauch des unscheinbar blühenden Dornbuschs kam uns als der unübertrefflichste aller Wohlgerüche vor, selbst der Geruch der vertrockneten Kuhfladen im

warmen Sand der Riviere und unter den knorrigen Kameldornbäumen erschien uns als Parfüm gegenüber den Ausdünstungen der Überzivilisation.
Offenbar bewahrheitete sich jetzt auch an uns trotz aller schwäbischen Bodenständigkeit die letzte Strophe des Südwester Liedes:

Und kommst Du selber in unser Land
und hast seine Weiten geseh'n,
hat uns're Sonne ins Herz Dir gebrannt,
dann kannst Du nicht wieder geh'n.
Und sollte man Dich fragen:
Was hält Dich denn hier fest?
Du könntest nur sagen:
Ich liebe Südwest!

Schwäbischer Run zum Rand

Einleitend muß an dieser Stelle mit allem Nachdruck einmal einer üblen Nachrede Einhalt geboten werden, die langsam das schwäbische seelische Gleichgewicht bedroht: Nicht nur die Schwaben jagen dem Geld nach, andere sind uns da nicht selten sogar noch voraus. Erst wenn man's hat, das Geld, beginnt der entscheidende Unterschied, wer nämlich das Erworbene am besten zusammenhalten kann – auf Schwäbisch: wer am meischte bhäb isch.

Der „Rand", um den es hier geht, kommt aus der Geographie. Es ist die Kurzbezeichnung für das in Südtransvaal um Johannesburg sich erstreckende reiche Bergbau- und Industrierevier, abgeleitet von einem Witwatersrand geheißenen, verhältnismäßig wasserreichen Höhenzug, der als Randstufe noch einige hundert Meter über die gewaltige Hochfläche des inneren Südafrikas aufsteigt. Wegen der enormen Wirtschaftskraft dieses Gebietes, die ursprünglich fast allein auf den bekannten Goldfunden beruhte und die hier ein neues Land der unbegrenzten Möglichkeiten schuf, ist die südafrikanische Währungseinheit nach ihrer Lösung vom englischen Pfund „Rand" benannt worden. Und aus dem gleichen Grund hat sich der geographische Rand, wo man den klingenden Rand am schnellsten verdient hat, zu einem Mekka für schwäbische Einwanderer entwickelt. Freilich auch deshalb, weil der Weiße in Südafrika nur selten lediglich das anonyme Rädle war, das im alten Europa überwiegend sein Schicksal ausmacht.

Klein-Schwaben zu Pretoria

Pater Ketterle holte weit nach hinten aus, zielte wie ein Profi und schob die Kugel mit kraftvollem Schwung auf die Kegelbahn. Aber alle Neune traf er trotzdem nicht. „No net nôchgebe", bestärkte ihn jemand zum Weitermachen, doch diesmal meinte der Gottesmann entschlossen: „Noi, i mueß jetzt hoim, i mueß morge frih beizeit en onserem neie Kendergarte sei."
Die Szene spielte sich nicht in Biberach oder Weingarten ab, sondern in Pretoria, dem südafrikanischen Regierungs- und Verwaltungssitz. Eigene deutsche Kindergärten und Schulen sind dort durchaus kein Luxus, denn an jeder Ecke stößt man

auf Deutsche und der Vorort Pretoria-Noord wird im Volksmund gelegentlich sogar als „Klein-Schwaben" bezeichnet.
Die dortige Massierung von Beilsteinern, Murrern, Beihingern und Pleidelsheimern, Heilbronnern, Großgartachern, Walheimern, Oberstenfeldern, Ludwigsburgern, Maienfelsern und Esslingern, die Klingelschilder mit den vertrauten Namen Schuster, Zehner, Ahl, Retter, Kauz, Lang oder Sauer in dem aufgelockerten Wohnviertel um Danie-Theron- und Venterstraat, mit Erikas Damensalon gleich um die Ecke – das alles hat seinen wenig guten Grund in Plochingen gehabt. Die dortige, längst untergegangene Automobilfirma Gutbrod war eine der ersten, die nach dem Krieg im Ausland ein eigenes Werk aufbauen wollte. Leider ging es mit der „Swissacor" schief, eine bedauerliche und glücklicherweise einmalige Blamage für das gute schwäbische Auslandsimage. Die sehr leichten Fahrzeuge waren für afrikanische Straßenverhältnisse nicht geeignet und wurden dazu noch maßlos überladen, weil man glaubte, ein deutsches und insbesondere schwäbisches Fabrikat halte alles aus. „Als der hundertste Wagen rausging, kam der erste schon wieder zur Reparatur zurück" (ehemaliger Gutbrod-Mann). Wettgemacht wurde das Versagen durch diejenigen Gutbrodler, die trotz des Debakels im Land blieben und sich in zäher Arbeit eine eigene Existenz, auch zum Wohl des Gastlands aufbauten.
Wer als Schwabe nach Pretoria-Noord kommt, muß damit rechnen, von Schwabenfamilie zu Schwabenfamilie geschleift zu werden, was unter Umständen hinterher ein paar Tage Erholung erforderlich macht. Denn in jedem Haus Klößlesupp' und Schpätzle und Göckele und Kartoffelsalat zu essen, den Luckeleskäs zu probieren und das Castle Lager Beer und den selbstproduzierten Ananasmost und die Likörle und die Gutsle, und zuguterletzt noch bei einem üppigen Braaivleis mitzuhalten – das kann den stärksten Mann umwerfen. Zumal es dabei nicht bleibt, sondern natürlich noch Whisky und Gin und Brandy und Red Tafelberg Wine und Rooi Muscadel und Cape Port und Golden Jerry und und ... dazukommen, ond des net bloß schlückleswe is'. Also daß die Leut' dort bhäb wäret, wie mr's ons emmer onderschtellt, kann mr beim übelschte Wille net behaupte. Beim Feiern, da scheint die schwäbische Haupttugend neben Schaffe auf jeden Fall und mit wirksamer Unterstützung durch den Alkohol vorübergehend verdrängt zu werden. Um so schlimmer ist dann wahrscheinlich der Katzenjammer ...
Bei solchen Anlässen fragten uns die Landsleute schier dubbelig nach zuhause, zum Beispiel nach dem inzwischen wieder völlig vergessenen Erdölraffineriepro-

jekt im schönsten Wiesengrund bei Großingersheim. Oder es entwickelten sich die reinsten Volksliedorgien, die allerdings nicht allein durch den Alkohol, sondern auch durch die nicht weiter verwunderliche Tatsache ausgelöst wurden, daß einige der Anwesenden zu den stimm- und trinkstärksten Säulen des Männergesangvereins Pretoria gehörten. Dieser war in der Tat bemerkenswert, hauptsächlich wegen seines anerkannt hohen Niveaus, seiner rauschenden Feste und seiner beliebten Konzerte im Garten des Deutschen Clubs, die er oft mit der erstklassigen „South African Police Band" zusammen veranstaltete. A bißle aber auch deswegen, weil sein Dirigent manchmal erläutert hat: „Das geht wie ‚Die Fahne hoch'" ... Also dô isch ons eher dr Hut hochgange. Erfreulicherweise hatte der schwäbisch-südafrikanische Nachwuchs einen anderen Hit, nämlich „Think it over", gesungen von Micky Most, der uns jedoch trotz seines originellen Nachnamens nicht den Gefallen tat, Schwabe zu sein. Im übrigen ergötzten sich die Jungen ganz wie in der alten Heimat in skandalöser Abtrünnigkeit lieber mit Cliff Richard, den zehntausend Fans auf dem Johannesburger Jan-Smuts-Airport abholten, als mit Friedrich Silcher aus Schnait.
Am 16. März 1961 schien all das schlagartig aus zu sein. Die Südafrikanische Union war aus dem Commonwealth ausgetreten, was bei vielen Deutschen und Schwaben, die in Südafrika bloß schnell zu ebbes komme hen welle, schwärzesten Pessimismus auslöste, zumal ja gleichzeitig in Angola der erste Aufstand gegen die Portugiesen ausgebrochen war. Manche dachten schon ans Kofferpacken, manche taten's auch. Viele blieben aber doch und haben's weiter gebracht als je zuvor, denn ganz unerwartet hat damals nicht der Untergang, sondern die wirtschaftliche Hochblüte Südafrikas begonnen.

Der lange Weg nach Maienfels

Natürlich ist Klein-Schwaben nicht Pretoria, und nicht der ganze Schwarm von Schwaben hat sich in Pretoria-Noord niedergelassen. Schließlich ist Pretoria kein Dorf, sondern eine ausgedehnte moderne Großstadt, deren schönster Schmuck 22 000 lila-rosa blühende Jacaranden in den langen Straßenzügen sind. In einer dieser paradiesischen Straßen, am Hang von Muckleneuk, mit wunderschönem Blick auf die in ihrer Tallage an Stuttgart erinnernde Hauptstadt, hatte sich in einem der originellsten Häuser der Metropole Familie Fehrle eingenistet. Nicht

daß es ein Schwarzwaldhaus oder ein fränkischer Vierkanthof gewesen wäre – nein, ihr Heim war in einem hübschen Garten im Stil eines Zulu-Krals aus unmittelbar aneinandergefügten und weiß verputzten Rundbauten errichtet und stilgerecht mit einem Grasdach gedeckt. Wie sich's für eine solche Behausung gehört, waren die Räume nach oben bis unters Dach offen, was besonders abends bei Beleuchtung eine urgemütliche Atmosphäre schuf und außerdem in der heißen Jahreszeit für angenehme Kühle sorgte. Das zentrale Rondavel beherbergte das Wohnzimmer, dem auf der Nordseite (also unserer Südseite!) eine überdachte Veranda vorgelagert war, auf der schon das Frühstück eingenommen wurde. Imposantes Gegenüber am jenseitigen Hang war das die ganze Stadt beherrschende Union Building, der Regierungssitz. Unmittelbar vor dem entzückten Auge lagen Pfannkuchen, Spätzle oder köstliche Landleberwurst, gleich dahinter schufen wunderliche Strelitzien, gelbe Mimosen, Canna, Hibiskus, rankende Bougainvillien, ein Flamboyant und Golden Shower einen dekorativen Rahmen dazu, während der betörend süße Durft rein weiß aus dunklem Grün leuchtender Frankipani-Blüten selbst den würzigen Gulaschgeruch mühelos besiegte.
Später mußten die Fehrles aus beruflichen Gründen ihr geliebtes Haus verlassen und nach Johannesburg ziehen, wo wir ihnen noch einmal begegnen werden. Obwohl man keinen schlechten Tausch machte, hat Minzi Fehrle das Kralhaus bis heute nicht verschmerzt, ihr Meister Erwin aus Echterdingen eher – oder er läßt es sich als echter Filderer bloß net anmerken. Oder kommt's daher, daß er in dem neuen Anwesen noch besser romkruschtle kann als im alten.
Von der anderen, höher gelegenen Straßenseite guckte der aus Pforzheim gekommene und mit einer Liebenzellerin verheiratete Architekt Dr. Ing. Wolfgang Rüdiger May von Langenau auf Fehrles herunter. Zu seinen damals, 1963, auffallendsten Schöpfungen in Pretoria gehörte ein zweistöckiges Rundhaus oben an einem Hang, das freilich mit einer Rundhütte der Neger keine Ähnlichkeit mehr hatte. Das ungewöhnliche, aber praktisch aufgeteilte und architektonisch interessant und ansprechend gestaltete Wohngebäude wirkte jedoch gerade in Afrika keinesfalls fremd. Eine Neuheit für Südafrika stellte das im Bungalowstil erbaute „Safari-Hotel" dar, das May von Langenau 1962/63 bei der Rustenburg Kloof architektonisch realisierte.
Das eigene Häusle war dagegen weder rund noch modern, zeigte aber ebenfalls ein für uns ungewohntes, in Südafrika jedoch nicht seltenes Bild. Es war eine hübsche Imitation des heiteren kapholländischen Baustils, der u. a. im europäischen

Barock wurzelte, später vom Wiederaufleben der Klassik in Europa beeinflußt wurde und besonders mit seinen malerisch geschwungenen weißen Giebeln einer ganzen Epoche der „weißen“ Kulturgeschichte Südafrikas ein charakteristisches Gepräge gab. Aber hinter diesen seltsamen vier Wänden in 505 Bereastraat spielte sich ein unverfälschtes schwäbisches Leben ab.
Manchmal waren wir wirklich verblüfft, wenn wir an Stellen, wo wir es in Pretoria nie vermutet hätten, auf Landsleute trafen. So versicherte uns zum Beispiel Dr. Häußler, der Leiter des Bantu-Entbindungsheims Lady Selborn, glaubhaft, daß er den Ludwigsburger Philosophen und Theologen David Friedrich Strauß zu seinen Vorfahren zählen könne. Fast jeden Tag gab es neue Überraschungen. Die einen blieben flüchtige Begegnungen, wie etwa auf der Bank, wo uns die charmante Tochter aus einem bekannten Heilbronner Juweliergeschäft Auskunft erteilte, oder wie in Kempton Park bei den gastfreundlichen Stuttgarter Illis.
Manchmal entwickelten sich aber bis heute andauernde gute Freundschaften, die sich nicht selten sogar bis auf die Verwandtschaften in Deutschland erstreckten, weil wir dort nach der Rückkehr unbedingt einen Besuch machen mußten. Jedesmal, wenn wir nach Hause kamen, waren wir wochenlang damit beschäftigt, die Gegend abzufahren, um gegebene Versprechen einzulösen, Bilder vorzuführen und die aufgetragenen Grüße, Neuigkeiten und rosaroten, wenn nicht neiderregenden Lageschilderungen persönlich an den Mann zu bringen. Dabei wurden wir meistens wie in Afrika noch einmal vom Karle sei'm Bäsle zu ihrem Dochdermâ sei're Schwägere und von dieser zum Gschwistrichkend von ihrem Graußvadder seim Kriegskamerade seiner Schwester ihrem Bue weitergereicht, weil der eventuell „au dô na wellt“.
Auf etwas weniger komplizierte Weise gelangten wir via Pretoria in den Mainhardter Wald, genauer gesagt in Schmidgalls „Hirsch“ in dem arg abseitigen, aber romantischen Adlernest Maienfels. Ohne den Umweg über Südafrika hätten wir wahrscheinlich dort nie in schwindelnder Höhe über der „Schpätzles-Brätich“ Bratwürscht mit gemischtem Salat, habhafte Hausmacherleberwurst und kräftiges Bauernbrot, Rehbraten mit Spätzle und andere einheimische Hochgenüsse vertilgt, wären wir vielleicht überhaupt nie bis zu diesem ebenso nahrhaften wie idyllischen Plätzle hoch über der kleinen Brettach vorgestoßen. Den Oberlauf des Bachs hat der Volksmund mit dem sinnigen Beinamen „Spätzle“ versehen, wahrscheinlich weil er so dünn und geringelt ist wie ein richtiges, geschabtes Kochbuchspätzle. Wo der Bach dann fähig wird, größere Vögel zu baden, läuft er, allge-

meinverständlich ausgedrückt, unter der nicht weniger anschaulichen Benennung „Gänse-Brettach" (im Original-Schwäbisch: „Gehs-Brätich").
Nach diesem Abstecher müssen wir noch einmal nach Pretoria zurückkehren, denn beinahe wäre übersehen worden, daß sich dort noch ein ganz anderes wichtiges Ereignis abgespielt hatte: Werner ließ sich vom Schicksal in Gestalt einer „lekker juffrou" und Farmerstochter ereilen. Daraus ergab sich außer sechs schwäbisch-burischen Mischlingen als nicht unwichtige weitere Folge, daß sogar noch die hinterste, backofenheiße Nordwestecke des Transvaaler Buschvelds, zwischen dem Nordrand der Blaauberge und der Botswana-Grenze, endlich wieder mit schwäbischem Kulturgut in fruchtbare Berührung kam. „Wieder" deshalb, weil wir auf dem kleinen Farmfriedhof von Kromhoek einen Grabstein mit dem Namen Herbst entdeckten, der durchaus ebenfalls schwäbische Wurzeln gehabt haben könnte – der Name, versteht sich, nicht der Grabstein. Von entsprechenden Ein- und Auswirkungen war allerdings nichts mehr zu bemerken, doch das konnte ja jetzt anders werden.
Dazu schien es auch höchste Zeit zu sein, denn angesichts der Meinungsverschiedenheiten über die offizielle Rassenpolitik am Kap trübte sich leider das deutsch-südafrikanische Klima ganz allgemein immer mehr ein. Die Zeiten der markanten oder auch kuriosen Sympathiebeweise für die tapferen Buren waren vorbei und nur noch im Krüger-Haus in Pretoria zu besichtigen. Niemand komponiert mehr in Deutschland den „Traum des Buren vor der Schlacht" oder einen „Christian-de-Wet-Marsch", niemand reimt mehr Mammutgedichte mit so eindrucksvollen Zeilen: „... dort tobt ein Kampf der Mammonskreaturen gegen ein Heldenvolk, genannt die Buren ..." Keine Bierkrüge werden mehr als Ohm-Krüger-Köpfe fabriziert, kein „Heldenkampf der Buren" mehr gedruckt, vergessen ist der Burengeneral Kritzinger mit seinen vermutlich Besigheimer Vorfahren, der im Krieg gegen England 1899–1902 eine rühmliche Rolle spielte. Nur das Problem „Freiheit" ist geblieben und daher das Thema „Der Kampf um die Freiheit in Südafrika", das um 1900 ein gewisser Albert Pfister in Vorträgen vor den Bürgergesellschaften von Stuttgart und Ludwigsburg abgehandelt hat, heute noch genau so aktuell, wenn auch unter anderen Aspekten (das Vortragsmanuskript ist im Verlag von W. Kohlhammer in Stuttgart 1900 zum Preis von 40 Pfennig sogar gedruckt erschienen). Doch: „Der Reinerlös ist zum Besten der Buren, ihrer Verwandten und Hinterbliebenen bestimmt" – ob das überhaupt noch denkbar wäre, wenn das Blutvergießen eines Tages noch einmal eintreten sollte?

„Sachsemer Tag“ in der Golden City

Vielleicht war der Tag der Groß- und Kleinsachsenheimer in Johannesburg nur eine ein- oder zweimalige Angelegenheit. Er war auch nicht dazu ausersehen, Programme zu verkünden, den Beschluß zur Schwabisierung der Goldenen Stadt Südafrikas zu fassen oder der Frage nachzugehen, was die Sachsemer eigentlich mit den Sachsen zu schaffen hätten. Nein, der Zweck war ganz einfach das Feiern von Geburtstagen, Wiedersehen, Abschied und ähnlichen stets gegebenen Anlässen, verbunden mit ein bißle Pflege heimatlicher Gemütlichkeit, mit einem guten Schuß Lokalpatriotismus natürlich und auf der schmackhaften Grundlage einiger Bachschüsseln (= Backschüsseln!) voll Kartoffelsalat.

Trotzdem bleibt es staunenswert, daß das nette „Groß“-Städtle 1969 soviel Söhne in der umtriebigen südafrikanischen Wirtschaftsmetropole vorzuzeigen hatte, daß das große Fest in Haus und Hof einer Vorstadt seinen Namen rechtfertigte. Der Mundart nach waren zwar net grad älle der Feiernden, Tanzenden und Trinkenden mit Sachsenheimer Metterwasser getauft worden, nicht einmal mit Wasser anderer deutscher Ströme, sondern eher mit dem kostbaren Naß vom Hartebeespoort- oder Vaaldamm. Andererseits hätte man wahrscheinlich schon eine kleine Halle gebraucht, wenn die Sachsemer noch ein paar „Vororte“ um ihre Mettermetropole eingemeindet hätten. Aber die Hurgler hen von der Johannesburger Existenz eines manchen Nachbarn von Enz oder Glems net emôl e Ahnung ghet.

Dabei war zum Beispiel Herbert Seitz aus Asperg, guter Freund aus Kindheitstagen, schon so lange in Johannesburg, daß ihm die meisten seiner ebenfalls hierher getriebenen Nachbarn von zuhause wie blutige Anfänger erscheinen mußten. Doch jeder war einmal Greenhorn und wir erinnern uns noch gut, wie Herbert allein, aber trotzdem in unwahrscheinlicher Ordnung im „Shotley“ hauste, einem Boarding House im Stadtteil Berea, und so tat, als wäre er noch am Asperg. Als im April 1961 Frau Mariannes Ankunft aus Markgröningen bevorstand, mietete er ein Haus mit großem Garten und einladendem Schwimmbad weit draußen in Linden, beinahe schon im Veld. Glücklicherweise war das Umzugsgut aus Deutschland schon vor Marianne eingetroffen, so daß wir wenigstens einen Raum einigermaßen wohnlich für den Empfang einrichten konnten. Das meiste wurde jedoch erst in Anwesenheit der Hausfrau ausgepackt und mußte erst einmal durch ein Sonnenbad vom Schimmel befreit werden. So wie in Lumbungo Hesse und Kollegen alljährlich einmal zum Trocknen auf der Wäscheleine hingen, so sonnten sich

Großfamilie Schuster in Pretorias Klein-Schwaben.

Schwäbische und schwarze Bodybuilders in Pretoria Noord. Offensichtlich tun sie dort etwas anderes als hier . . .

Dutzendweise werden bedeutende und weniger bedeutende Schriftsteller von Herbert und Marianne Seitz in Linden, Johannesburg, trockengelegt.

Unten links:
Erika von Hoheneck mit ihrem dicken „Ami" in Pretorias „Klein-Schwaben".

Ein Hauch von Stuttgart in Johannesburg: der Albert-Hertzog-Tower, Kopie des Degerlocher Fernsehturms. →

„Organist's Dream“
mit seinem stilechten
Echterdinger Erbauer.

Auch in Afrika sitzt man gern einmal wie Minzi Fehrle am warmen Ofen.

Danzerville – Reutlinger Initiative im westafrikanischen Urwald.

Wer hätt' au des denkt: nach 15 Jahren unverhofftes Wiedersehen mit Willy Hörrmann, Schulkamerad vom verschwundenen „Böckinger See", als Capo am Blauen Nil.

jetzt Schiller, Hemingway und Obst-Hintners „Geld-, Bank- und Börsenwesen" einträchtig zwischen Aloen und Kakteen auf hartem Rasen. Auch auf der Terrasse konnte man keinen Schritt mehr tun, ohne auf Thomas Mann oder Agathe Christie zu treten, die dort malerisch zur Bestrahlung hingelagert waren. Für manchen unbekannten Autor war es vielleicht überhaupt das erste Mal, daß er wirklich im Licht der Öffentlichkeit stand, oder eigentlich besser lag.
Nun war Marianne das Greenhorn. Was einem als solches alles passieren kann, dafür sei nur erzählt, was ihr widerfuhr, als sie gleich am zweiten oder dritten Tag zum Metzger ging, um in einem der wichtigsten Viehzuchtländer wie von daheim gewohnt „e halb Pfond Siedfleisch" für e gute Supp' zu holen. Als sie wiederkam, schleifte sie beinahe ein Viertelsrind aus dem Auto. Auf ihr Verlangen nach dem halbe Pfond hatte der Metzger als rechtes Mitglied eines Volkes von Spitzenfleischvertilgern vor lauter ungläubigem Staunen den Mund kaum mehr zugebracht. Er hatte wohl gemeint, sich verhört zu haben, noch zweimal nach der Menge gefragt und schließlich offenbar geglaubt, entweder einen Witzbold oder einen finanziell oder fremdsprachlich Minderbemittelten vor sich zu haben. So säbelte der eingefleischte Bure mitleidig einfach ein paar Kilo von irgendeiner Haxe herunter und drückte sie der perplexen Marianne in den Arm. Als sie den Preis hörte, war sie erneut von de Socke und gab alsogleich ihr Vorhaben auf, dem Metzgermeister sein Fleisch wieder auf den Ladentisch zu knallen; es kostete kaum mehr als des halbe Pfond Siedfleisch in Markgröningen – damals 1961.

Tonangebend . . .

So sehr die Sachsemer und ihre Sing- und Zechbrüder ihre Lautstärke auch steigerten, zu den Tonangebenden von Joburg gehörten sie deshalb noch lange nicht. Wortwörtlich genommen zählt eher einer der ganz Stillen und Bescheidenen im Land dazu, nämlich Orgelbaumeister Erwin Fehrle aus Echterdingen. Nach schweren Anfängen hat sich die Orgelqualität von den Fildern in ganz Südafrika einen so guten Namen gemacht, daß die königlichen Instrumente aus der kleinen Werkhalle der E. Fehrle u. Co. (Pty) Ltd in Randburg am nördlichen Rand der Johannesburger Stadtregion heute in vielen Orten von Transvaal bis Südwestafrika zu hören sind.
Wer den schmucken Betrieb am Hendrik-Verwoerd-Drive betritt, könnte glauben,

bei Weigle in Echterdingen zu sein, wo Fehrle einst gelernt hat. „Rudi, schmeiß mr emôl den Hobel rom!" – ein Ton und eine Atmosphäre wie 9000 Kilometer weiter nördlich. Alles ist sauber, wohl geordnet, praktisch. Nur eins erinnert an Afrika: einige schwarze Gesichter unter den unverkennbaren Blöckles- und Riebelesköpf'. Letztere beweisen der südafrikanischen Welt spielend, daß von den Fildern net bloß Krautköpf' kommen, sondern auch solche, in denen wesentlich mehr drin steckt als „nur" der Rohstoff für das freilich auch nicht zu verachtende Sauerkraut.
Gute Fachkräfte aus Deutschland zu bekommen, war für Erwin Fehrle nie leicht. Erstens sind sie sowieso rar und zweitens gilt Südafrika als Pulverfaß, auf das sich niemand gern freiwillig setzt. Trotzdem ist es immer wieder gelungen, im Enz- und Rems-, im Bottwar-, Neckar- und Nagoldtal gute Leute zu angeln, die Meister Erwins strengen Maßstäben genügten. Denn gerade das schwäbische Orgelbauer-Nachwuchsreservoir kann sich immer noch sehen lassen, hat es doch eine gute Quelle in der einzigen Fachschule der Welt für Musikinstrumentenbau, einschließlich Orgelbau, in Ludwigsburg.
Dementsprechend bestehen sehr intensive fachliche und geschäftliche Beziehungen zwischen Erwin Fehrles alter und neuer Heimat. Bei seinen allerdings seltenen Besuchen in Deutschland – „weil 'r doch net weg kann" – war ein fester Programmteil stets eine Fahrt von Stuttgart zur Orgelfabrik Laukhuff in Weikersheim, die meistens zugleich den ohnehin spärlichen Urlaubsteil ausmachen mußte. Nur wenn sich das Angenehme mit dem Nützlichen verbinden ließ, machte Fehrle Zugeständnisse an die Erholungs- und privaten Besuchsbedürfnisse von sich und seiner mehr als verständnisvollen Frau und Partnerin – wenigstens mal nach Tübingen, ins unvergessene Mühringen, nach Marbach oder Lauffen oder gar in Frau Minzis heimatliches Rheinland. Wer weiß, ob er jemals zum Verfasser nach Freiberg gekommen wäre, säße dort nicht die angesehene Orgelpfeifenfabrik Killinger ... So isch des halt mit dene Leit', die's nur mit eigener Kraft zu ebbes brenge hen könne, dene die fertig Fabrik net scho in d' Wiege oder wenigstens auf den Hochzeitsgabentisch glegt worde isch.
Einer der überzeugendsten Beweise für Können und Anerkennung von Erwin Fehrle ist 1976 vollendet worden, der Auftrag der South African Broadcasting Corp. (SABC) für eine große Rundfunkorgel im neuen Radio- und Fernsehzentrum von Johannesburg. Wahrscheinlich kam sich Meister Erwin während der Arbeit zu Füßen des Albert-Hertzog-Towers auf dem Brixton Ridge wie auf dem Hohen Bopser in Degerloch vor, denn der Johannesburger Turm isch tupfegleich

wie der Stuttgarter Fernsehturm. Die Spitze seines Sendemasts über Restaurant und Aussichtsplattform liegt laut Afrika-Handbuch von Klett mit 235 Metern allerdings etwas höher, dafür wirkt aber der Turm als Ganzes nicht so elegant wie der erstgeborene Bruder in Stuttgart. In Johannesburg war nämlich ein stabilerer „Fuß" nötig, weil der Untergrund häufig ins Schwanken gerät, wenn eines der verlassenen Goldbergwerke unter der Stadt „eihagelt".

Rein äußerlich macht die Rundfunkorgel von „Meneer Erween Fehrle" mit ihrem von Dr. Walter Supper in Esslingen entworfenen freistehenden Prospekt einen beinahe unschwäbisch imposanten und festlichen Eindruck. Sie gilt als ebenso handwerklich solides wie klanglich hervorragendes Meisterwerk, mit dem der Erbauer seiner heimatlichen Orgelbaukunst in Südafrika alle Ehre gemacht hat. Ihre 53 Register, zu denen insgesamt 4134 Pfeifen gehören, sind auf 3 Manuale und das Pedal verteilt. Außer dem mechanischen ist noch ein fahrbarer elektrischer Spieltisch vorhanden, der auf dem Orchesterpodium bewegt werden kann. Das Orgelgehäuse ist aus wertvollem brasilianischen Imbuya-Holz angefertigt worden. Kein Wunder, daß das herrliche Wunderwerk in der südafrikanischen Presse mit überschwenglichen Worten gewürdigt wurde, so zum Beispiel im „South African Digest" vom 8. 10. 1976 als „Organist's Dream" und im „Radio en TV Dagboek" unter der Schlagzeile „Pragorrel in 'n nuwe uitsaaisaal", also „Prachtorgel im neuen Sendesaal".

Eine Sternstunde im Haus Fehrle war der Tag, als der berühmte Professor Georg Kempff auf der wundervollen Hausorgel vor einem kleinen Kreis von Gästen konzertierte. Die Tonbandaufnahmen davon werden als musikalische Kostbarkeit aufbewahrt, und zugleich als Erinnerung an die unwiederbringlich entschwundene Glanzzeit der Weißen in Afrika. Wer weiß, für wen auf Erwin Fehrles Orgeln morgen das Gloria gespielt wird ...

Schwäbische „Regimenter“ von Abidschan bis Kapstadt

Der Schwabe hat eine gewisse Neigung, „das Regiment zu führen“, das kann nicht abgeleugnet werden, aber er versucht es meist nur dort, wo er auf wenig Widerstand stößt.

Welch ideale Chancen bot dafür Afrika! Welche Möglichkeiten für gründliche Wühler ond oigesinnige Dickköpf, um dort hemmungslos zu wirken, die Einheimischen ihrer stillen, manchmal auch lauten, auf jeden Fall unerschütterlichen Eigenwilligkeit zu unterwerfen, und das dazu noch, ohne wegen „dialektischer“ Schwächen Komplexe bekommen zu müssen. Man stelle sich aber auch umgekehrt einmal vor, was es für einen ungebundenen Dschungelboy bedeuten muß, wenn er sich unversehens und uneingeschränkt der Forderung „Schaffe, schaffe, net soviel romschteh“ zu unterwerfen hat. Oder was so einem armen Mädchen aus dem Busch blüht, das bei einer auf blitzende Sauberkeit bedachten Schwäbin abstauben muß, womöglich in einem Haushalt, der zeitweise täglich vom Harmattan, Habub oder anderen heißen Sand- und Staubstürmen heimgesucht wird, oder vielleicht auf einer Urwaldfarm, wo man nach dem Regen den Dreck stiefelsdick ins Haus schleppt. Denn daß deswege auf Deckele ond Kissele ond porzellanene sterbende Schwän' verzichtet wird – des kommt iberhaupt net in Frage. Mir passet ons doch net dene an, die sollet sich ons anpasse.

Anders ist kaum zu erklären, wie sich ein Schild „Kehrwoche“ nach Lagos verirrte. Aber vermutlich haben seine schwäbischen Hintermänner, oder besser Hinterfrauen, eines Tages darauf verzichtet, daß in Nigerias Metropole „d'Gass' kehrt wird“, denn es fand sich in der Gosse. Oder steckte vielleicht doch nur ein Witzbold dahinter? Humor haben wir nämlich manchmal auch!

Nebenan, an der Elfenbeinküste, hat sich inzwischen das Reutlinger Furnierwerk Danzer so erfolgreich im Urwald etabliert, daß es dort zu einem Begriff und zu einem Symbol für schwäbisches Unternehmertum geworden ist. Das dabei entstandene Städtchen heißt sogar Danzerville, und zwischen der Distriktshauptstadt Bouaké und Reutlingen besteht eine florierende Städtepartnerschaft, eine der wenigen, die bis jetzt zwischen deutschen und afrikanischen Städten geschlossen worden sind.

Freilich, manchmal haben die Häberle und Pfleiderer bei Danzer und anderswo mächtig den Daumen draufgedrückt, aber nur, damit es sich für beide Seiten lohne. Und es hat sich trotz aller Mängel und kapitalistischer Hintergedanken offenbar für beide gut gelohnt, auch wenn unsere heutigen Weltverbesserer in ihrem Funktionärsjargon die Monteure und Spezialisten von Bosch oder Mercedes in Akkra oder Wagadugu als Handlanger des Spätkapitalismus zur neoimperialistischen Beherrschung und Ausbeutung Afrikas verleumden, und ihre Firmen als alleinige Nutznießer der afrikanischen Investitionen schlecht machen möchten.

Zumindest schwäbisch mitregiert war in Abidschan eine Zeitlang das alte „Hotel du Parc", das später von hypermodernen Hotelklötzen, Folgen des elfenbeinischen Wirtschaftswunders, vielstockwerkfach überflügelt wurde. Dort an der Ecke, die genau so gut in Marseille oder Nîmes hätte sein können, sorgte als Frau des französichen Managers eine Filstälerin für Ordnung. Allein aus landsmannschaftlicher Solidarität erlaubte sie sich jedoch eine kaum faßliche, unschwäbische Ausnahme aus dem geheiligten Reglement, indem sie uns in dem vollbelegten (und teuren) Haus kostenlos ein Zimmer gab, dessen Inhaber vorübergehend im Inland war. Sogar einen damals in Afrika noch seltenen „climatiseur" wies der Raum auf, was uns aber lediglich eine Erkältung eintrug. Abgesehen davon wohnten wir somit trotz schwindsüchtiger Brieftasche nicht viel schlechter als ein paar Zimmertüren weiter CDU-MdB Heck aus Schwenningen. Gratis mitgeliefert bekamen wir schließlich noch eine aufregende Bademodenschau zu mitternächtlicher Stunde im offenen, kühlen Innenhof des Hotels.
Ein schwäbisch-knitzes Regiment ganz anderer Art führte der Neckarsulmer Saam, nach dem Zweiten Weltkrieg erfolgreicher Wiederaufbaubürgermeister von Freudenstadt, als Geschäftsträger in der Deutschen Botschaft von Akkra. Als uns englisch-afrikanische Bürokratie schon an den Rand einer Gelbsucht gebracht hatte, ließ er uns statt in unserem verdreckten VW mit einem blitzenden dicken Mercedes samt Fahrer an der entscheidenden Stelle vorfahren, worauf wir beinahe sekundenschnell neue Visa für Nigeria erhielten und der damit verbundene „trouble" endgültig zu den Akten gelegt werden konnte.
Da dieser Ärger jedoch nicht der einzige war und das ganze Leben in Westafrika aus nichts anderem als Verdruß zu bestehen schien – überall kam zuerst die Frage: „Haben Sie trouble gehabt?" – verschaffte uns unser Gönner, der in Rudis heimatlichem Kochendorf auf dem Rathaus seine Lehre absolviert hatte, zum Ausgleich

noch einen anderen Genuß, der freilich fertigbrachte, was der Bürokratie doch nicht gelungen war: er warf uns glatt um. Das kam so:
Im Botschaftsgebäude hatte Saam einen „country chop" für uns arrangieren lassen, eine Art Früchte-Potpourri, das als Nationalgericht von Dakar bis Lagos bekannt ist und bei bessergestellten Familien fast in eine Zeremonie ausartet. So geschah es auch hier, denn obwohl wir nur zu dritt tafelten, hatte der chop-master einen festlichen Tisch gedeckt, an dem eigentlich zwanzig Personen hätten Platz finden können. Da jedoch zu einem country chop alle Früchte des Landes gehören, blieb dem wichtigsten Mann im Haus gar nichts anderes übrig. In mindestens fünfzehn Glasschüsselchen zwischen üppigen tropischen Blüten waren Tomaten und Paprika, rohe und gebratene Zwiebeln, frische und geröstete Kokosnuß, rohe und gebakkene Bananen, Orangen, Ananas, Mango, Papaya, Batate, Bohnen und vieles andere aufgereiht. Farbenfroh und frisch lachten uns die Früchte des Landes an, und unser Appetit war kaum noch zu bändigen.
Aber alles kam ganz anders. Wir wurden belehrt, daß aus all den herrlichen Speisen ein Eintopf zu machen sei, als dessen Grundlage Reis und eine fette, sehr scharfe Palmölsuppe mit Fleischeinlage dienten. Also nahmen wir unseren Reis und einen gehörigen Schöpflöffel voll von der komischen Suppe, denn beim Schwaben muß ja das Essen möglichst in Sauce schwimmen. Was dann kam, schien uns zuerst barbarisch und unmöglich. Als Salatliebhaber hatten wir uns schon so auf die appetitlichen Beigaben gefreut, aber statt dessen mußten wir von jeder der Kostproben einen Eßlöffel voll zu Reis und Palmölsauce in den Teller tun. Zwar ist eine solche Mischkultur des Essens dem Schwaben auch nicht gerade fremd, aber bei diesen vielen und so verschiedenartigen Köstlichkeiten drehten sich bei uns schier Herz und Magen um. Wie sollten wir überhaupt noch feststellen, wie die einzelnen Speisen schmeckten?
Doch was blieb uns anderes übrig, als uns höflich, wenn auch etwas widerwillig und besorgt den heimischen Sitten zu fügen. Vom grinsenden Repräsentanten unseres Staats ermuntert, streuten wir zu guter Letzt zwecks besserer Verdauung noch eine gehörige Ladung roten Pfeffers über das kunterbunte Gemenge. Über das Ganze kam schließlich noch einmal ein Schwung von der Palmölsuppe, und dann begann mit Löffeln und Gabeln ein allgemeines, andachtvolles Rühren, Drücken und Stampfen in den Tellern, bis deren beinahe überlaufender Inhalt einem einheitlichen braunen Brei glich. „So, ond jetzt wird gesse, basta!" befahl der Hausherr, als er unsere zögernde Haltung bemerkte.

Der erste Löffel country chop, von uns mit größtem Mißtrauen zum Mund geführt, war eine angenehme Überraschung. Wenn auch geschmacklich undefinierbar, schmeckte der Früchtequerschnitt doch recht aromatisch und anregend. Aber schon nach dem zweiten Löffel kam die nächste Überraschung, und die war nicht mehr so angenehm, denn der rote Pfeffer tat seine verheerende Wirkung. Uns blieb, unter dem Gelächter des Gastgebers, fast die Luft weg, und Mundhöhle und Gaumen begannen so fürchterlich zu brennen, daß wir nur weiteressen konnten, wenn wir nach jedem Löffel country chop ein Glas Bier tranken. Da nach dem Essen noch Schwarzwälder Kirsch, Kaffee und der unvermeidliche Whisky gereicht wurden, begriffen wir – allerdings erst am andern Tag, als wir wieder nüchtern waren – warum country chop möglichst nur samstags gemacht wird.
Wie wir überhaupt nach Hause gekommen waren, erfuhren wir erst von dem glatzköpfigen, eunuchenhaften watchman, der Tag und Nacht mit einem dicken Prügel bewaffnet vor unserem Haus saß und schlafend und scharchend auf uns aufpaßte. In einem lichten Moment mußte er aber doch bemerkt haben, wie uns zwei Männer aus einem very big car ins Haus brachten . . .*)
Zwei Tage lang schmeckte uns gar nichts mehr. Da kam ein Luftpostpäckchen für uns an, aus dem wie ein Geschenk des Himmels neben frischen Knorr-Suppen einige Dosen Schinken- und Leberwurst vom Metzger Kramer in Besigheim und dazu ein köstliches Schwarzbrot rollten. Und das auch noch zollfrei, weil bei der Abholung in der Hauptpost die Sirene gerade 12 Uhr heulte . . .
Wie da plötzlich unser Appetit wieder da war! Aber diesmal schüttelten unser Chop master Akabo und unser gutmütiger watchman ihre weisen schwarzen Häupter. Wie einem so was bloß schmecken konnte! Pfannkuchen, meinte Akabo, das ginge ja noch, aber das da?
Nur unser Schimpansenkind Jimmy, das wir von einer unmittelbar benachbarten einheimischen Gunstgewerblerin vorübergehend in Pflege hatten, entwickelte auch einen schwäbischen Geschmack, speiste höchst zufrieden mit uns und zeigte sich nach der Rückkehr seiner schwarzen Ziehmutter so gut herausgefüttert, daß diese uns unbedingt bargeldlos entschädigen wollte . . .
Obwohl nur Halbschwabe mit Stuttgarter Vater, entwickelte sogar Käptn

---

**) Mancher watchman in Akkra zahlte damals angeblich Beiträge an eine Diebesorganisation, die „sein" Haus dann verschonte. Ja, es soll sogar eine Stelle gegeben haben, wo Diebesgut gegen Bezahlung wieder abgeholt werden konnte.*

Schmandt auf dem Palmöltanker „Tema Palm" Solidaritätsgefühle für uns, als wir gewaltiger Überschwemmungen wegen per Schiff von Lagos zum Kongo mußten. Ansonsten das nötige strenge Regiment führend, nahm er uns gnädigst nicht nur als Deckspassagiere in einer 1. Klasse-Kabine mit, sondern verpaßte Rudi auf dem Achterdeck auch noch einen Haarschnitt, der ohne jede Beanstandung Gnade fand. Selbst unter den übrigen Seebären brauchten wir uns als Landratten und Schwaben keineswegs deplaziert zu fühlen, im Gegenteil, die paar Tage Schiffsreise über die Insel Fernando Poo, Bata, den Äquator und Port Gentil waren wie ein kleiner Abstecher nach Hause. Da es gerade noch weihnachtete, waren Käptn und Mannschaft so besorgt um uns, daß sie am 24. Dezember am späten Nachmittag genau unter dem Äquator über den Bordlautsprecher „Leise rieselt der Schnee" spielten. So rieselten denn auch in Matadi beinahe die Tränen, als wir von Schmandts schwimmendem Regierungsbezirk schieden. Aber immerhin war es ein kleiner Trost für uns, daß auf dem neuen wildfremden Boden der belgische deutsche Wahlkonsul Richard Wagner hieß und der Polizeipräsident der Stadt sich auf einer Spazierfahrt mit uns persönlich davon überzeugte, daß wir die damals übliche Garantiesumme von etlichen tausend Mark für die Einreise in den Kongo nicht wert waren ...

In einer ganz anderen Ecke Afrikas, auf der mörderisch heißen „Halbinsel" Gesira zwischen dem Weißen und Blauen Nil vor ihrem Zusammenfluß, waren wir zuerst selbst darüber erschrocken, wie laut ein Schwabe das Kommando führen kann. Wie ein schwarzgebrannter Zerberus beherrschte er schwäbisch brüllend das lärmende Tohuwabohu gigantischer Scraperzüge in der gewaltigen Großbaustelle des Managil-Bewässerungskanals – wenn der au drei Köpf' ghet het ...

Dann ereignete sich allerdings noch eine andere Überraschung: der Bauingenieur nahm nämlich den Verfasser aufs Korn, baute sich breitbeinig vor ihm auf, die Hände in die Hüften gestützt – aber statt des erwarteten Donnerwetters über unsere unerlaubte Anwesenheit fing er an zu grinsen und platzte los: „Ha Mensch, kennsch Du mi nemme?!" Auf der Gegenseite zündete es jedoch nicht so schnell und sie forderte daher hilfesuchend: „Nemme Se emôl Ihr Sonnebrill' ond Ihren Tropehelm ronder". Und als das geschah, fielen wir uns augenblicklich um den Hals, denn der seltsame Zerberus war kein anderer als der 15 Jahre nicht mehr gesehene Schulfreund und „Seeräuber" „Tschäm" Hörrmann vom verflossenen Bökkinger See!

Zuguterletzt sei noch erwähnt, daß es in Afrika auch einmal ein richtiges schwäbisches Regiment gegeben hat, aber das ist schon arg lang her, war noch viel weiter weg und ein ziemlich trauriges Kapitel. Gemeint ist das Württembergische Kapregiment, das Herzog Karl Eugen zur Aufbesserung seiner Staatskasse an die Holländisch-Ostindische Kompanie verkauft hatte, damit es das Kap der Guten Hoffnung gegen die gelüstigen Engländer beschützen helfen solle. Das Regiment ist 1787 unter Oberst Theobald von Hügel von Ludwigsburg ausmarschiert, und Christian Friedrich Daniel Schubart, der zu jener Zeit zwangsweise auf dem Hohenasperg einquartiert war, hat dort aus diesem Anlaß sein ergreifendes „Kaplied" gedichtet und vertont („Auf, auf ihr Brüder und seid stark, der Abschiedstag ist da . . ."). Über das tragische Schicksal dieses Regiments kann man mehr bei Oskar Hintrager „Geschichte von Südafrika" nachlesen (Oldenbourg, München 1952) oder noch ausführlicher in der bibliophilen Rarität „Das württembergische Kapregiment" von Johann Prinz, die 1932 in Stuttgart erschien und von der die Bibliothek des Instituts für Auslandsbeziehungen in Stuttgart noch ein Exemplar zum Ausleihen besitzt.

Die ungewöhnliche Truppe hat angeblich bewirkt, daß Kapstadt zeitweise einen halb schwäbischen Eindruck gemacht hat. Laut Hintrager haben später dort sogar eine Wirtschaft „Württembergische Flagge" und ein Gasthaus „Zum Lamm" existiert. Freilich, verhindern konnten auch die wackeren Schwaben nicht, daß eines Tages Kapstadt doch von den Engländern kassiert wurde. Aber vielleicht ist es eine Spätfolge der unrühmlichen Episode, daß es einem – wie an anderer Stelle preisgegeben – in Kapstadt heute noch passieren kann, mit „Jetzt leck' mi am Arsch" herzlich begrüßt zu werden. Und sicher gehört seit jenen Tagen das Wort „swaapstreek" (Schwabenstreich) zum Wortschatz der Buren (Hintrager S. 91).

Die allerwenigsten werden aber wissen, daß noch in unseren Tagen der „allerhöchste" Mann von Kapstadt ein sächsischer Lauffener war! Er führte sein Regiment 1000 Meter über der Stadt auf dem Tafelbergmassiv und betreute als Gärtner das dortige Naturschutzgebiet.

Spätzlesspur durch Afrika

Nachdem Koch Akabo in Akkra beharrlich zum zehnten Mal „Master ide go kam“ gesagt und uns dabei immer flehentlicher angeschaut hatte, brummten wir schließlich kopfnickend und mit entsprechender Handbewegung „Mensch Kerle, mach' was d' willsch!“ Im Gegensatz zu uns, die wir aus dem schauerlichen Pidgin English immer noch nicht schlau wurden, begriff Akabo sofort, denn er verschwand strahlend und schnurstracks und wurde erst Stunden später hochbepackt wieder gesehen. Es war uns nun klar, daß er für seine Küche hatte einkaufen müssen, und wir fragten ihn erwartungsvoll, was es denn heute gäbe. Er grinste übers ganze Gesicht und genoß es sichtlich, wie uns bei seinen langsam und korrekt ausgesprochenen Worten fast die Spucke wegblieb: „Heut' gibt es Gulasch ond Schpätzle!“

Damit war schon ein paar Wochen nach unserer Abreise in Rabat die Diefenbachersche Prophezeiung widerlegt, daß wir sicher bis zu unserer Wiedereinreise ins Schwabenland auf unser Nationalgericht verzichten müßten. Chop master Akabos Spätzle glichen zwar mehr unförmigen Teigbollen, aber zusammen mit dem Gulasch und dem grünen Salat waren sie durchaus genießbar, besonders wenn man sie zuvor ein paarmal mit dem Messer zerschnitt. Unsere Freude, die wir äußerten, um Akabos Glück und Stolz nicht zu beeinträchtigen, war also keineswegs reine Heuchelei. Zum Dank dafür machte Akabo am nächsten Tag wieder „ide go kam“ und anschließend „Pfannekuche mit gmischtem Salat“.

Unterricht im Schpätzlemache und in Schwäbisch hatte Akabo von der Familie eines schwäbischen Automechanikers erhalten, der bei der Mercedes- und Bosch-Niederlassung in Akkra gearbeitet hatte. Weitere Sprachstudien unsererseits in Pidgin English erübrigten sich also. Nur daß „ide go kam“ ganz einfach „ich gehe und komme wieder“ (I do go and come) heißen soll, das haben wir schließlich noch herausbekommen.

Während die Spätzle von Akkra eine echte Überraschung waren, konnte man auf einer schwäbischen, oder wenigstens halbschwäbischen Pflanzung wie Lumbungo beinahe schon im voraus damit rechnen, obwohl es dort keineswegs immer selbstverständlich ist, daß es brauchbares Mehl und frische Milch gibt. Als wir 1969 in Richard Oesterlens Kaffeereich im Libolo-Bergland waren, beglückte uns Küchenchef Kabasa vom Stamme der Kimbundu anstelle der abwesenden Hausfrau mit

Spätzle, an denen das Interessanteste die Herstellung war. Alle Zutaten hatte Kabasa aufgetrieben, nur mit dem Feuer in dem altersschwachen Küchenherd und mit dem Schaben wollte es nicht so recht klappen. Auf jeden Fall spielte sich das Einlegen des ersten Spätzles um elf Uhr vormittags ab – beim Servieren der ersten halben Platte aber rief der Kuckuck der Schwarzwalduhr die zweite Stunde des Nachmittags. Die Spätzle flogen nämlich nicht, wie sich's gehört, von geübter flinker Hand geschabt mit Schwung ins kochende Wasser, mitnichten, sie wurden jedes einzeln mit dem Messer schön und liebevoll abgeschnitten und dann vom Spätzlesbrett ins Wasser geschubst. Wenn dieses Wasser wenigstens gekocht hätte – aber nein, es war die meiste Zeit nur lauwarm. Dann ging Kabasa stolz Holz suchen für sein sterbendes Herdfeuer, um bei der Rückkehr feststellen zu müssen, daß der Teig währenddessen vom Spätzlesbrett bis zum Tischrand gelaufen und von diesem auf den Boden getropft war. Daraufhin wurde die „geschmolzene" Teigmenge mit einer Schaufel Mehl, einem Schucker Lehmwasser und drei Eiern wieder auf den ursprünglichen Umfang gebracht. Für die passende Begleitmusik sorgte das jetzt überkochende Spätzleswasser, das - wie sich beim Essen herausstellte – nicht gesalzen worden war. Wahllos fischte Kabasa immer wieder ein Spätzle heraus und brachte es sorgfältig auf der bereitstehenden Platte unter. Dabei feierte sein verborgener Kunstsinn wahre Triumphe, denn er legte die Spätzle beileibe nicht einfach hin, nein, er kreierte geradezu ein Spätzleskunstwerk mit zwei- und dreidimensionalen Figuren aus dem Ornamentenschatz seines Stammes, alles mit den Fingern, versteht sich, mit denen er zwischendurch kräftig in der Nase bohrte. Einer schwäbischen Hausfrau alter Schule hätte sich wohl das Herz im Leib umgedreht. Aber selbst diese „kalte Platte" aus zweckentfremdeten Teigwaren wurde weggeputzt. Hunger macht's möglich. Und irgendwie waren diese Spätzle im wilden afrikanischen Westen doch einmalig.
Damit niemand diese ausführliche Schilderung als eine gezielte Diskriminierung des schwarzen Mannes ansieht, sei hier eingestanden, daß das Zeremoniell des Spätzlemachen noch dramatischer ablief, als wir uns 1960 bei Schorsch Diebold in Tsumeb eigenhändig darum bemühten. Schorsch hatte uns zu Ehren seinen Paradehasen abgedachtelt, und was konnte man dazu essen? Natürlich nur Spätzle. Aber wer machen? Denn auch hier herrschte gerade reine Männerwirtschaft, weil Diebold senior Strohwitwer und Schorsch zu dieser Zeit noch unbeweibt war. Trotzdem gab es für Schorsch keine Probleme. Er schleppte Mehl und an die zehn, fünfzehn Eier herbei und befahl kurz angebunden: „Du ond dr Werner, ihr

machet dr Deig, ond dr Hangeia dr Hasebrôte!" – „Aber was willsch denn mit soviel Eier", wagten wir schüchtern einzuwenden. „Was, an Schpätzle ghöret Eier nâ, je meh, je besser! Außerdem kommet no meh Leit. Hasebrôte ond Schpätzle gibt's hier net äll Dag."

Als der Teig kochbuchgemäß bereitet war, gab es im heißen Südwestafrika das Wunder eines Schneemanns. Werner hatte bei seiner Premiere als Spätzleskoch so heftig gerührt und gewalkt, daß er von oben bis unten mit Mehl bespritzt war. Außerdem war der Teig zu fest geworden, so daß wir den Athleten Schorsch in Anspruch nehmen mußten, um den – schamlos sei's gestanden – Spätzlesdrücker zu betätigen. Hangeia bugsierte inzwischen den Hasenbraten in der viel zu engen Kachel herum, aber auch das ging so schwer, daß statt verlockender immer häufiger verbrannte Düfte aufstiegen.

Die Küche glich mittlerweile einem kleinen Schlachtfeld, und als wir endlich ans Essen gehen konnten, war keine Schüssel und kein Teller mehr unbenützt aufzutreiben. Doch war keineswegs dieser Umstand, sondern nur die verkalkulierte Spätzlesmasse daran schuld, daß es trotz einer acht Mann umfassenden schwäbischen Runde noch zwei Tage lang gröschte (geröstete, bitte, nicht größte!) Schpätzle gab und sogar der Afghane Prinz und Kater Moritz noch für einige Zeit damit verköstigt werden konnten. Hangeia, Kasuppi und Hausmädchen Selma von schwarzer Seite hatten wegen zu großer Geschmacksunterschiede dankend verzichtet. Kasuppi brummte irgendetwas vor sich hin, wahrscheinlich auf Herero „So e Zeigs" – so e Zeigs, zu onsere Spätzle!

Unsere felsenfeste Überzeugung, hervorragende Spätzle gegessen zu haben, wurde wenige Tage später so schwer erschüttert, daß wir, modern ausgedrückt, saumäßig fruschtriert waren. Unterwegs im steinigen, vertrockneten Busch tat sich eines Vormittags wie eine märchenhafte Oase die Farm Gaub der Rheinischen Mission vor uns auf. Der junge Oasenboß Hans-Jakob Wiederhold aus Ispringen bei Pforzheim zeigte uns sein Reich, das sich sehen lassen konnte: Zitronen, Orangen, Feigen, schwarze und weiße Maulbeeren, ein gerade unscheinbar blühender, aber stark süßlich duftender Weingarten, Zypressen, Zedern, Palmen, Gemüse, Luzerne, Weizen, Mais und tausend Stück Vieh. Ermöglicht wurde diese grüne Insel durch artesisches Wasser, das zum Teil nur fünf bis zehn Meter tief lag und als Mineralwasser dem Nauheimer nicht viel nachstehen soll. Der Garten Eden war vollends komplett, als uns Frau Ruth Wiederhold Spätzle und Sauerbraten und hinterher Schokoladekuchen auftischte. Während wir die herrlichen, ker-

Links: Kabasa am Spätzlesbrett.

Unten links: Ausbreitung von Hasenbraten und Spätzle in Afrika. Der Braten wird von Herero Hangeia, der Spätzlesteig von Schwabe Schweiker bearbeitet.

Unten rechts: Nicht anders als in Heilbronn wird der Schwaben-Nachwuchs in Transvaal schon im Säuglingsalter liebevoll mit der Spätzleskultur vertraut gemacht.

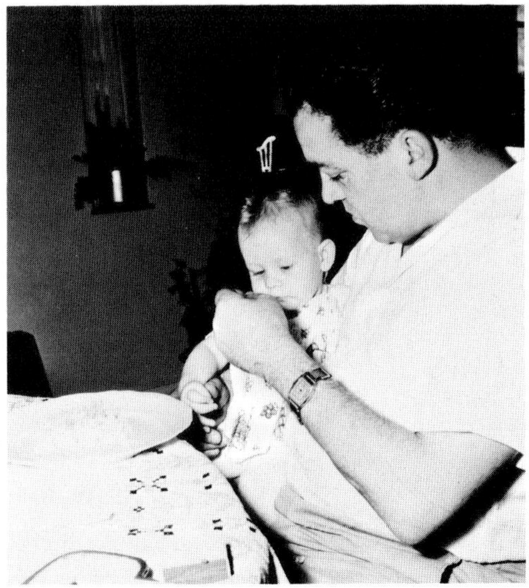

Keine Rassenprobleme beim TGV Geisingen 1899: Blacky Cyprien und Blondy Uwe nach einem Freundschaftsspiel.

Porsche Pate? Südafrikas erstes eigenes Auto.

Leider eine Seltenheit: der Johannes-Rebmann-Weg in Freiberg.

nigen Spätzle andachtsvoll genossen, konnte der Verfasser nicht umhin, der oben erwähnten Erschütterung wenigstens mit den Worten Ausdruck zu geben: „Neilich hem'r was ähnlichs gesse, hen des net au Schpätzle sei solle, Werner?" Aber Werner verstand es wie üblich meisterhaft, seine Frustration zu verbergen: „Die war'n halt nach Art des Hauses, ond des isch emmer was Bsonders."

Ein anschließendes Bad im glasklaren Thermalwasser des nahegelegenen Teichs mit seinem schlamm- und tanglosen glatten Kalkgrund trug dann ein wenig zum Ausgleich des erlittenen „Luschtverluschts" bei (von einem humorvollen Mann vorgeschlagene Übersetzung von Frustration ins Schwäbische). Die beinahe überirdische Stimmung ringsum, die Einsamkeit und Totenstille, das goldene Licht auf dem grünen Rasen und die blau bis violett schimmernde malerische Bergumrandung ließen uns nicht länger kleinkariert nur an Spätzle denken ...

Dort wo in Afrika Schwaben massiert und dauerhaft in westlichen Zivilisationsinseln auftreten wie etwa am Witwatersrand, also im Raum Johannesburg-Pretoria, gehören Spätzle selbstverständlich zum Alltag. Der Nachwuchs lernt sie dort fast schon mit der Muttermilch kennen. Als rührend aber empfanden wir, daß man anderswo, im Busch oder Urwald, sich oft entschuldigen zu müssen glaubte, wenn man uns keine Spätzle vorsetzen konnte. Sogar Frau Brühl, resolute und unvergessene Berliner Besitzerin des altberühmten, von einem Hauch von Hemingway umwehten Kibo-Hotels am Kilimandscharo, empfing uns am Karfreitag 1958 zum Mittagessen mit den bedauernden Worten „Spätzle gibt's leider keine", um sogleich tröstend hinzuzufügen: „aber Maultaschen!"

So kam es, daß wir noch nie in unserem Leben so viel Spätzle aßen wie in Afrika, Spätzle mit Salat und Spätzle mit Sauerkraut, Spätzle mit Sauerbraten und zu Gulasch, Kartoffelschnitz und Spätzle, Spätzle geröstet mit oder ohne Ei, und einmal gar geröstet mit Ei und Rauchfleisch – für sparsame Schwaben fast schon eine Verschwendung. Wenn irgendeine Version des Spätzleskults bei dieser Aufzählung vergessen worden ist, heißt dies noch lange nicht, daß wir sie in Afrika hätten vermissen müssen.

Alle diese Spätzle haben nicht nur unseren Bauch, sondern auch unsere visionäre Hoffnung auf eine neue, „schillernde" Wunderwelt genährt:

Seid umschlungen, Millionen,
Von des Spätzles gelbem Band,
Denn es wird sich sicher lohnen,
Wenn in allen Erdenzonen
Entsteht ein einzig' Spätzlesland.
Erst wenn die ganze Menschheit schabt
Und selig sich an Spätzle labt,
Wird auf der Welt die Eintracht wohnen!

woyamba Ndipeleka moni ngati m..
bwino Ndisekela kwambili kunena zaine
Ndili bwino kuno ku Malawi Dziko lo-
ipa kwambili Ndipo kuno mabelo
analetsa kale kale Ndipo amai a-
kuti moni wamasiku onse kuno
koma kuno Ndaonda kwambili chi-
fukwa sindi kudya Libakesi ai
Ndipo sinema kuno kulibe sinema ai
Ndepilizi amai ngati muli moyo
Ndisekela kwambili ai
mundipelekele moni kwa Gusti
Ndi erensti Ndi Heremoti onse moni
amai akuti moni Furaye akuti
moni Lidiya akuti moni
ine wanu mwana wanu

Donald machemba

Wer die Chichewa-Sprache noch nicht beherrscht, kann auf S. 121 f. nachlesen, welch' lebenswichtige Angelegenheit und Wurststorte in diesem Brief angeschnitten wird.

Schwarzes Schwäbisch

Esperanto-Konkurrenz

Net lache – nach dem, was wir in Afrika erlebt haben, wäre Schwäbisch, die Sprache eines zwar rauhbauzigen, aber versöhnlichen und antiimperialistischen Volksstamms, eindeutig als Weltverkehrssprache geeignet. Zudem würde es sicher nicht auf Aversionen stoßen wie Englisch und Französisch, andererseits mit diesen bereits weltweit verbreiteten Sprachen manches gemeinsam haben, wie etwa das schwäbische „faif" mit dem englischen „five" ... Auch der Übergang vom Portugiesischen wäre leicht, denn beide Sprachen klingen so ähnlich schlampig, daß Werner einmal feststellte: „I moin emmer, des Portugiesisch müßt i verschteh, dô sen so viele ‚Schee' dren." In der Tat, die Portugiesen sprechen fast jedes ‚s' als ‚sch', das sich bekanntlich auch im Schwäbischen der größten Vorliebe erfreut.
Es gehört zu unseren unauslöschlichen Eindrücken aus Afrika, daß ein steinalter Neger, der eines Morgens an der Togo-Küste vor unserem Zelt erschien, uns nichts anderes zu sagen wußte als „I han koi Zeit!" Wenn das nicht typisch ist! Und wenn die wüßten, was ihnen noch blühen kann.
Besonders auffallend ist, wie eng die schwäbischen Sprachkenntnisse der Afrikaner mit Pünktlichkeit, Sauberkeit, Sparsamkeit und anderen unserer Nationaleigenschaften zusammenhängen. Als wir in Pretoria den kleinen Karosseriebau eines Neckargartachers besichtigten, zeigte uns die Tochter des Inhabers die Unterkünfte der schwarzen Arbeiter. Auf ihre Frage an einen von ihnen: „David, hältsch Du auch Dei Kammer sauber?" kam prompt die Antwort: „Missis, bei mir kannsch neigucke!"
Falls eines Tages das Esperanto dem Schwäbischen als Weltsprache vorgezogen werden sollte, bringt unsere ebenso heißgeliebte wie vielgeschmähte und mißverstandene Muttersprache auch dafür beachtenswerte Anregungen mit. In Afrika existieren Sprachinseln, wenn auch minimalsten Umfangs, die dies durch schauerliches Kauderwelsch wie etwa eine Schwäbisch-Deutsch-Afrikaans-Englisch-Herero-Ovambo-Mischung eindrucksvoll untermalen:
„Gehsch Du Passiona*), Naphtalina?" – „Ja, Missis, na die Bokkie Farm" – „Weißt

*) *Passiona gehen = einen Besuch machen, spazieren gehen.*

Du die Weg?" – „Net recht, Missis." – „Also you go durch die Omuramba[1]) ond glei bei die big Omumborombonga[2]) gehsch regs – nie links hou nie, this is die pad to Waterfontein! – Nimmsch Deine Kanatschi mit, die kleine Benjamin ond die Josef?"
Eine alltägliche Redewendung in Südwestafrika prophezeite finster: „Wenn Du lügst, gehst Du tot und kommst bei die Hölle zu die otjiruru[3])!" Oder weniger drohend: „Johannes, clean mal die Bade ganz mooi sauber, aber net so stadig, denn afterwärds musch Du mit die Baas zu Garage, Auto servicen lassen. Wir müßet more miskien auf Pad ond stief[4]) leere bottles nach Swakopmund brenge. Nachher machsch Du diese Buche in die Zimmer von Missis." Letzteres bedarf wohl einer Erklärung, denn Johannes sollte nicht etwa im Zimmer der Missis eine Buche setzen, sondern lediglich ein Buch dorthin bringen. Daß fast nur der Artikel „die" verwendet wird, hängt mit dem Afrikaans zusammen, das keinen anderen kennt.
Auch im einst portugiesischen Angola kamen manchmal noch einheimische Sprachelemente in das Busch-Schwäbisch, a bißle Kimbundu zum Beispiel, was sich dann von der bereits einschlägig bekannten, sprachschöpferischen Frau Oesterlen aus Friedrichshafen etwa wie folgt anhörte:
„Du, Kabasa, leva doch gschwend este reste Maultasche na cozinha ond dann kommsch wieder e traze Schnittlauch ond ebbes Schindungu für mein Luckeleskäs, aber lenge luga – Tempo!" Und wenn die übrigen Maultaschen in der Küche waren, kam ein Auftrag für Kabasas Küchenkollegen:
„Sabalu, anda na horta, aber heit no, ond guck, ob Erdbeer dran send oder ob die Makaken schon wieder alles gholt hen. Aber gell, lenge luga!" Und Sabalu verschwand mit „Simsa, simsa" (sim, minha senhora) lenge luga, zumindest bis hinter die Tür.
Lenge luga – dalli, dalli – daß es sowas auf Afrikanisch überhaupt gibt! Sicher war es das erste Wort, das der Übernahme ins Schwäbische für wert befunden wurde, wie umgekehrt „mach' nôre" wahrscheinlich das erste war, was die Afrika-Schwaben den Einheimischen zur Vervollkommnung ihres noch nicht „zeit-gemäßen" Ausdrucksvermögens beigebracht haben.

---

1) *im nordöstlichen SWA für Wadi.*
2) *nach Germann „südafrikanische Eiche", heiliger Baum der Hereros.*
3) *böser Geist.*
4) *eigentümliches Wort für „viel" in Südwestafrika, z. B. „er hat stief Geld".*

Als Sabalu wieder vom Garten auf der Bildfläche erschien, hatte er statt der sehnlich erwarteten Erdbeeren, die tatsächlich bereits wieder von den Affen (oder Sabalu?) geerntet worden waren, lediglich ein paar Rettiche in der Hand, die die Büffel gnädigerweise übriggelassen hatten. Auf die wenig erfolgreiche Aktion hin griff Sabalu auf der Haustreppe zu seiner „viola", Marke Eigenbau, und sang dazu eine ganze Weile mit gilfiger Kopfstimme flehentliche Lieder. Ob er die Geister beschwor, endlich das „lenge luga" abzuschaffen? Wenn es je so gewesen sein sollte, Glück hatte er damit nicht, denn plötzlich fuhr ihn aus dem Innern des Hauses die leicht portugisierte senhora grollend an: „Also gell, Sabalu, jetzt leva bitte eschte viola auf d'Seit', wir hen doch koi feschta! Hasch Du sonscht nix zom schaffe? Wir hen de doch net zom Schtändle fidle angschtellt!" Als das seltsame Geigenspiel abrupt abbrach, schlug sie ganz ungewohnterweise auch an ihren Herrn und Gebieter Befehlstöne an: „Ond Du Richard legsch jetzt dr Tannhäuser uff oder dr Peer Gynt oder sonscht was, bloß damit i emôl wieder was anders hör'!"

Freilich kann die Funktion des Schwäbischen als völkerverbindendes Element au emôl drneba gange. Im südtunesischen Gafsa hatte man einer Berliner Reisegruppe einen einheimischen Fremdenführer geschickt, der von sich behauptete, daß er Deutsch könne. Doch leider verstanden die Berliner kein Wort von dem Redeschwall, der über sie hereinbrach. Als die ersten Unmutsäußerungen laut wurden, dämmerte es einem der Spree-Athener, die ja bekanntlich helle sind, und er fragte: „Mann, wo haben Sie denn Deutsch jelernt?" Darauf Mahmud stolz: „Z'Onderdirkne beim Daimler!" – also in Untertürkheim bei Daimler-Benz.

Der Fall war klar und der Rundgang geplatzt. Aber auch solche Pannen werden den Siegeszug des Schwäbischen zur weltumspannenden Verkehrssprache nicht mehr aufhalten. Mir därfet bloß net nôchgebe!"

Libakesi

Das beste Feld für das Studium von Schwäbisch auf Schwarz ist heute gar nicht mehr Afrika, sondern unser Ländle selber. Wozu haben wir denn die vielen Afrikaner hier? Hören Sie sich mal um – 's wär' sowieso nett, wenn mr au bei ons em eigene Land emôl e bessere schwäbisch-schwarze Kooperation nâbrenge dät – was glaube Se, was se dô älles höre könntet! Dô haut Se's glatt om, denn die Kerle sen

net bloß schprachbegabt, sondern beobachten au guet ond hen außerdem meischtens en ausgeprägte Nachahmungstrieb ond e ganz schene Portion Humor ond Witz. Erscht recht, wenn se scho zwei Pils oder drei Viertele „Römerblut" intus hen. Beidem sen se nämlich absolut net abhold.
Aber zuerst soll Ihre Neugier, oder besser Ihr Appetit auf Libakesi gestillt werden, denn es handelt sich dabei um etwas zum essen. Da kam also im Juli 1975 ein Brief aus dem fernen Malawi von unserem kleinen großen Kwela-Musiker Donald Kachamba, in dem es wörtlich hieß: „... chifukwa sindi kudya Libakesi ai ndipo sinema kuno kolibe ..." Ob dieser Auszug einen Sinn hat, ist zweifelhaft, denn der Verfasser beherrscht Chichewa so wenig wie der Leser, und außerdem enthielt der ganze Brief weder Punkt noch Komma. Aber besonders wichtig war offenbar das Wort „Libakesi", denn selbiges war auffallend rot eingerahmt. Da es selbst in einem 25bändigen Konversationslexikon und genauso wenig im Duden zu finden war, ein Chichewa-Deutsch-Wörterbuch aber sicher auch noch nicht vorliegt, wurde Afrikanist Kubik in Wien befragt, der bereits tief in diese südostafrikanische Sprache eingedrungen ist. Für ihn war das rätselhafte Wort kein Problem. „Libakesi", schrieb er zurück, „hätten Sie mit etwas Phantasie auch erraten können, denn es ist nichts anderes als Ihr guter Leberkäs, der Donalds Leibspeise bei seinem Aufenthalt in Freiberg war. Der fragliche Satz heißt komplett auf Deutsch: ‚Aber hier bin ich sehr mager, denn ich esse keinen Leberkäs, und auch Kino gibt es hier keines!'"
Was Donald sprachschöpferisch gemacht hatte, läßt sich kaum in einem Wort ausdrücken. Er hatte den Leberkäs in Lautschrift dem Chichewa angepaßt. Bei uns würde ein solcher Vorgang eben eindeutschen heißen, aber man kann ja net gut „chichewasieren" sagen, geschweige denn „einchichewaen" (obwohl's einen beim Rundfunk nicht mehr wundern würde, wenn man an all die Zairiner, Ghanassen, Angolesen, Namibionen usw. denkt, die dort stets aufs neue das Licht der Welt erblicken). So hat unser Leberkäs jetzt die Chance, als Libakesi in die malawische Hauptsprache einzugehen, und ein Stück schwäbischer Kultur die Gelegenheit, die Speisezettel am Malawi-See um eine schmackhafte Nuance zu bereichern. Wir sind gespannt, ob sich der Libakesi zum Hirsebrei durchsetzt.
Ein überzeugender Fall für die perfekte Anpassung afrikanischer und nichtafrikanischer Schwarzer an den schwäbischen Lebensstil kann in Guy Xavier aus Haiti gesehen werden, der am Himmelfahrtstag 1975 in dem Erdteilkampf Afrika gegen Freiberg „bockelhart" mitkickte, obwohl er normalerweise im Fußball nur

eine Rolle als Zuschauer spielt. Sein großer Auftritt kam jedoch erst nach dem Spiel in der Wirtschaft. Dort stand er allein im Mittelpunkt, denn er soff die andern echt unter den Tisch und produzierte sich trotzdem, oder gerade deshalb mit einer Gosch „wie gschmiert" als schwäbischer Alleinunterhalter, den man für einen Häberle oder Pfleiderer gehalten hätte, wenn er nicht schwarz gewesen wäre. Falls also unser Potential an einheimischen Humoristen einmal erschöpft sein sollte – manchmal könnt' mr's beinôh befürchte – können wir vielleicht rettend auf Afrika zurückgreifen.

„Sau Cyprien!"

Als nicht weniger eindrucksvoller Fall erwies sich der chemotechnische Praktikant Cyprien aus Togo, vorübergehend in Stuttgart und Ludwigsburg heimisch. Wenn er schwäbisches Familienleben oder das vorörtliche Fußballpublikum zu parodieren anfing, erinnerte er an die besten Auftritte unserer verstorbenen und lebenden Renommierfiguren vom „Lausbua" bis zu de „Schtrôßekehrer".

„Göstern 'aben wir Äpföl göerntöt", schilderte Cyprien einmal erst französelnd, dann plastisch-drastisch schwäbisch, „ich 'abö die Leitör 'alten müssen. Frieda 'at immör göschimpft, bis Paul 'at 'eruntörgeschriön: wenn Du jetzt Dei Giftgosch ne haltsch, schmeiß i Dir en Äpfel an Dei Birne nâ! Und dann 'at Frieda gödroht: komm' bloß ra, Du alter Seckel, nô kriagsch des ganze faulig' Zeigs ans Hirn nâbatscht – Dir werde i scho Dein Riabel wäsche, daß Dr Dei freche Gosch vrgeht!"

Das kam heraus, als ob's seine eigene Muttersprache wäre. Manche waren ihm deshalb e bißle bös und kamen sich veräppelt vor, aber das lag Cyprien völlig fern. Er hatte ganz einfach einen Riesenspaß daran und fühlte sich wohl, weil er sah, daß wir au bloß Mensche ond koine Götter sen. Aber wenn „dr Herr Cipriäh" für seinen Fußballclub Tore schoß, dann waren alle wieder versöhnt und sogar „sei Frieda" vergaß die Säurelöcher im Polsterstuhl, die Bitumenspuren auf dem Teppich und die nicht ausgeschaltete Kochplatte. Und Hausherr Paul erklärte am Platzrand seinem Nachbarn stolz: „Guck, der Schwarze dô, der Neger, der wohnt bei mir – sau, Cipriäh! – isch der net Klasse – Mensch schiaß doch! – gell, der ka reifle – sau, sau!"

Ein Glück für den Gönner, daß hierzulande kaum die Gefahr existiert, mit derart mißverständlichen Zurufen Handgreiflichkeiten auszulösen, wie es seinerzeit bei der Olympiade in Berlin passiert sein soll. Dort hat ja angeblich ein Schwabe wegen seiner anspornenden „Sau"-Rufe für den ihm imponierenden Jesse Owens von einem ebenso wohlmeinenden Berliner oine gschmiert kriagt, weil dieser als Schwäbisch-Analphabet sein Idol beleidigt glaubte. Was übrigens schon damals schlagend bewies, wie wichtig es wäre, außerhalb von unseren Landesgrenzen neben Englisch und Französisch endlich au Schwäbisch en dr Schul' zum Pflichtfach zu erheben.

Ungeklärt ist leider immer noch die für die Weiterentwicklung des schwäbisch-afrikanischen Kulturaustausches nicht unerhebliche Frage, ob sich Schwäbisch auch für Trommelsprachen eignet. Es erscheint allerdings schon von vorneherein als höchst zweifelhaft, ob so nuancierte Tönungen wie no-nô-nâ-na oder so eigenwillige Spezialausdrücke wie Dähtz und Riabel für Moschtköpf', zemaknorgla für zusammenknüllen, oder Amenâschlupferle für An-mich-hin-Schlupferlein (= liebebedürftiges weibliches Wesen) mit den letzten Feinheiten ihrer Aussage auch trommelnd bewältigt werden können. Und darauf käm's halt doch sehr stark an, wenn die gegenseitigen Schmeicheleien nicht zu ernstlichen Verwicklenge führen sollen. Vielleicht kann der Bausinger in Tübingen emôl a Doktorarbeit dô drüber vergebe. Gegen ein kleines Honorar wär' sicher mancher Student gern bereit, für die nötigen praktischen Versuche trommeln zu lernen.

Landsleute, die gespurt haben

Halbvergessene Vorläufer

Historische Schwaben in Afrika sollten eigentlich nicht in dieses Buch – wo kämen wir da hin?! Aber im Sambesigebiet und im ganzen ost- und südafrikanischen Raum stießen wir so oft auf bedeutsame Spuren von ihnen, daß wir kaum drumherum kommen, wenigstens ein paar Ausnahmen zu machen, ehe diese Pioniere vollends ganz vergessen werden.
Von Karl Mauch wissen einige wenigstens noch den Namen und daß er etwas mit den geheimnisvollen Ruinen von Simbabwe bei Fort Victoria in Rhodesien zu tun hat. Zwar ist gelegentlich noch von einem englischen Konkurrenten die Rede, aber in der deutschsprachigen Literatur wird allgemein angegeben, daß Karl Mauch im September 1871 Simbabwe wiederentdeckt habe. Klipp und klar sagt z. B. das zuverlässige „Meyers Handbuch über Afrika", S. 414: „1871 entdeckt Mauch die Ruinen von Simbabwe" (Bibliographisches Institut, Mannheim 1962). International ist zumindest unbestritten, daß Mauch auch gleich nach des Rätsels Lösung gesucht und geglaubt hat, das sagenhafte Goldland Ophir gefunden zu haben, aus dem dereinst König Salomo seine Reichtümer bezog. Bei Basil Davidson heißt es wörtlich: „Diese Festung auf dem Hügel, sagte Mauch, wäre zweifelsohne eine Kopie des Tempels des Königs Salomo auf dem Berge Moriah, während das große Gebäude im Tal – das ‚elliptische Gebäude' – nicht weniger sicher eine Kopie des Palasts wäre, in dem die Königin von Saba gewohnt hatte, als sie im 10. Jahrhundert v. Chr. in Jerusalem weilte" (Urzeit und Geschichte Afrikas, Rowohlt, Reinbek 1961, S. 204). Seither rissen die Vermutungen, Theorien und Spekulationen über die Erbauer von Simbabwe nicht mehr ab. Ziemlich sicher nachweisbar ist jedoch bis jetzt nur, daß die zerfallene Metropole einer der interessantesten und geheimnisvollsten afrikanischen Hochkulturen etwa im 6. oder 7. Jahrhundert entstanden ist.
Was die „Herren der Bergwerke" – das bedeutet der Titel „Monomotapa" für die Priesterkönige von Simbabwe – in der Blütezeit ihres Reiches zwischen etwa 900 und 1500 bereits gekannt und genützt haben, entdeckte der Geologe Mauch ebenfalls wieder, nämlich das Gold. Aber uns geht es weder um Gold noch um Simbabwe, sondern um Karl Mauch und seine Verdienste. Darüber war nur

schwer etwas zu finden. Harms Erdkunde, Band IV Afrika, gab z. B. in der Auflage von 1957 wenigstens folgenden Hinweis: „Die ersten Goldlagerstätten fand ein Schwabe, K. G. Mauch, aus Stetten bei Cannstadt, ehemals Lehramtskandidat, der es nachher ablehnte, sich am Goldgeschäft zu beteiligen und daheim 1875 in Armut starb." (Zur Vermeidung von Protesten: das Zitat ist buchstabengetreu gemacht, der Verfasser daher nicht für das dt in Cannstatt verantwortlich. Aber wie alt es wohl sein mag, wenn Stetten noch bei Cannstatt statt bei Stuttgart lag . . .?)

Heute greifen wir am besten gleich auf eine rhodesische Publikation zurück, wenn wir Näheres über Mauch erfahren möchten. Der „Rhodesische Kommentar" Nr. 19, März 1969, machte dazu nachstehende aufschlußreiche Angaben:

„Carl Mauch, der 1837 als Sohn eines Schreiners in Württemberg geboren wurde und Transvaal, Mozambique und Rhodesien bereiste, war der erste Forschungsreisende, der schon vor hundert Jahren der festen Überzeugung war, daß es in Rhodesien große Goldvorkommen gäbe. Zusammen mit einem deutschen Händler entdeckte er auch die jetzt berühmten Zimbabwe Ruinen. Seine Tagebücher berichten von den frühesten geologischen und botanischen Forschungsarbeiten, die je in Rhodesien durchgeführt wurden und enthalten auch die erste Beschreibung der Zimbabwe Ruinen. Das rhodesische Nationalarchiv hat diese Tagebücher unter dem Titel ‚The Journals of Carl Mauch 1869–1872' veröffentlicht.

Mauch ließ sich zuerst in Transvaal nieder und reiste 1866 zusammen mit dem Elefantenjäger Henry Hartley weiter ins Innere. Während seiner letzten Reise im Jahre 1871 erkrankte er nördlich des Limpopo, wurde Gast und Gefangener des Makalaka und wurde schließlich von einem deutschen Händler aus Südafrika namens Adam Renders befreit. Kurz darauf entdeckten beide Zimbabwe.

In einem Museum in Stuttgart (Linden-Museum; d. Verf.) wurde in neuerer Zeit ein Tagebuch über Mauchs Reisen in Afrika während der Jahre 1869–1872 aufgefunden und 1955 schenkte die westdeutsche Regierung den rhodesischen Archiven eine Kopie davon. Mrs. F. O. Bernard in Umtali, die in der Schweiz am Bodensee aufwuchs, brauchte mehrere Jahre, um die schwer zu entziffernde gotische Schrift, die Mauch benutzte, ins moderne Deutsch zu übertragen und Mr. Bernard, ein Archäologe, übersetzte die Tagebücher ins Englische."

Für uns als Deutsche und Landsleute Mauchs hat sich leider noch niemand der Veröffentlichung seiner Berichte angenommen. Um so erfreulicher ist es, daß der Wiener Musikethnologe Gerhard Kubik von seiner Sicht aus Mauch wiederent-

deckt und damit nicht zuletzt dessen Vielseitigkeit der Interessen und Leistungen unterstrichen hat. Auch für ihn ging eine langwierige Entzifferungsarbeit in den Stuttgarter Manuskripten voraus, ehe 1971 sein Bericht „Carl Mauch's Mbira Musical Transscriptions of 1872" in der „Review of Ethnology" erscheinen konnte – aber wieder in Englisch (Vol. 3/10, Institut für Völkerkunde der Universität Wien). Die Abhandlung ist eine verdiente Würdigung einer erstaunlichen und kaum bekannten musischen Seite von Mauch und beschäftigt sich mit seiner schwäbisch-gründlichen Erläuterung der Mbira, einem traditionellen, urafrikanischen Musikinstrument, das zu den Lamellophonen gehört und in Afrika auch unter zahlreichen anderen Namen bekannt ist (z. B. Likembe, Kalimba, Sansa; Handpiano, Ovamboklavier). Eine wertvolle Fundgrube sind die bei den Literaturangaben gemachten Hinweise zum Schrifttum über Karl Mauch, der bei uns kaum in einem Lexikon zu finden ist (im Gegensatz zur Republik Südafrika, wo er ausführlich erwähnt wird und wo der Verfasser zum ersten Mal nachlesen konnte, daß Mauch 1875 noch jung in Stuttgart durch einen „Fenstersturz" ums Leben kam).
Ein kleiner Trost für das betrübliche Desinteresse an Mauch mag es sein, daß der höchste Berg von Transvaal östlich von Lydenburg in den nördlichen Drakensbergen Mauch-Berg heißt (2659 m lt. Meyers Handbuch über Afrika, Mannheim 1962; S. 20; andere Bücher und Atlanten machen allerdings andere Angaben, so daß ein unklares Bild besteht).
Wie für Mauch wurde Afrika auch für den Hirschlandener Pfarrersohn Theodor Heuglin zum Schicksal. Als 1976 zu seinem 100. Todestag da und dort etwas über ihn zu lesen war, wird es für die meisten zum ersten Mal gewesen sein, daß sie von diesem halb forschenden, halb abenteuernden Schwaben hörten.
Der nächste schwäbische Altafrikaner, den wir hier der Vergessenheit im Volk entreißen möchten, ist der 1820 in Gerlingen bei Stuttgart, also im Bannkreis vom „Heiligen Korntal" geborene Missionar Johannes Rebmann. „Nie gehört", sehe ich Sie den Kopf schütteln. Er hat allerdings auch nur unbeabsichtigt etwas Berühmtes vollbracht, gewissermaßen als Nebenergebnis seines Missionsauftrags. Aber es war ein so wichtiges historisches Ereignis, daß die Franzosen oder Engländer bestimmt Straßen und Gebäude nach ihm benannt und ihm Denkmäler gesetzt hätten, wäre er einer der ihren gewesen. Bei uns hat es Rebmann nur in seinem Heimatort Gerlingen zu einem Denkmal gebracht, sowie zusammen mit seinem bekannteren Gefährten Johann Ludwig Krapf in Mombasa in Kenya, wo auch das Grab der 1844 verstorbenen Frau Krapf liegt.

Krapf, der 1810 in Derendingen bei Tübingen zur Welt kam, hatte eigentlich nur wegen geschwächter Gesundheit großzügig dem „theuren Freund" Johannes Rebmann den Vortritt dazu gelassen, als 28jähriger am 11. Mai 1848 den höchsten Berg Afrikas, den Kilimandscharo, zu entdecken. Nur dank Krapfs Fieber also konnte Rebmann als erster Europäer den schneebedeckten Gipfel sehen, und wahrscheinlich ist diese Tatsache der Grund dafür, daß irrtümlich manchmal Krapf, oder Krapf und Rebmann zusammen, als seine Entdecker genannt werden. In Wirklichkeit war es jedoch Rebmann allein, und so besteht die Gedenktafel an seinem Geburtshaus in Gerlingen durchaus zu Recht.

Für seine Berichte über den Schneeberg unter dem Äquator hatte Rebmann zunächst mehr Spott und Hohn als Anerkennung geerntet. Sogar Alexander von Humboldt soll nicht gleich vom Schnee am Kilimandscharo überzeugt gewesen sein.

Gestorben ist Rebmann 56jährig, also 1876, ein Jahr nach Mauch und ebenfalls in der Heimat. Beigesetzt wurde er auf dem Alten Friedhof von Korntal.

Nachzulesen sind die Umstände, die zur Alleinentdeckung des Kilimandscharo durch Rebmann geführt haben, bei Krapf selbst und infolgedessen unverdächtig. Bestätigt wird es von Herausgeber Hanno Beck in seiner Einführung zu dem anschließend herangezogenen Buch mit den Reiseberichten von Krapf. Beck schreibt dort: „Krapf, dessen Gesundheit vom Fieber geschwächt war, ließ Rebmann getrost 1848 ziehen, obgleich er wußte, daß seinem Bruder eine wichtige Entdeckung gelingen könnte, die jetzt gefordert werden durfte, da sie sich mit der Aufgabe der auszuweitenden Mission deckte! Bewunderungswürdig ist die völlige Freiheit dieser Missionare von Rekordsucht und Ehrgeiz, die ihre Entdeckungen mit Seelenruhe als ein Geschenk Gottes hinnahmen. Es muß betont werden, daß Krapf, wenn er es gewollt hätte, den Kilimandscharo lange vor Rebmann hätte entdecken können; so hat ihn dieser am 11. Mai 1848 ... als erster Europäer erblickt, während ihn Krapf am 10. November 1849 ... als zweiter sehen konnte, kurz bevor ihm die Entdeckung des Kenia am 3. Dezember 1849 ... gelungen ist!"

Die Abteilung „Antiquarium" von Brockhaus in Stuttgart hat sich ein großes Verdienst damit erworben, daß sie 1964 Krapfs „Reisen in Ostafrika, ausgeführt in den Jahren 1837–1855" als über tausend Seiten starke literarische Kostbarkeit herausgebracht hat. Es handelt sich um einen unveränderten, in gotischen Lettern gesetzten Neudruck der im Jahre 1858 erschienenen Originalausgabe, die damals mit folgender Verlagsangabe herauskam: „Kornthal: Im Selbstverlage des Verfassers, Stuttgart: In Commission bei W. Stroh."

Dank diesem Buch, in das Krapf auch Rebmanns Reiseberichte mit aufnahm, erlitt Rebmann wenigstens literarisch nicht das gleiche unverdiente Schicksal wie Mauch. Trotzdem sind sein Name und seine Leistungen heute noch weniger bekannt. Lassen wir deshalb einmal einige Originalzeilen von ihm sprechen:

„Mai 11 (1848)... Wir sahen diesen Morgen die Berge von Dschagga immer deutlicher, bis ich gegen 10 Uhr den Gipfel von einem derselben, mit einer aufallend weißen Wolke bedeckt, zu sehen glaubte. Mein Führer hieß das Weiße, das ich sah, schlechtweg „Kälte" (beredi); es wurde mir aber eben so klar als gewiß, daß das nichts anderes sein könne, als Schnee, welchen Namen ich meinen Leuten sogleich nannte und die Sache zu erklären suchte; sie wollten mir aber nicht recht glauben, ausgenommen mein Führer, der, wie ich nachher erfuhr, auf seiner letzten Reise nach Dschagga, wo er schon wußte, daß wir beabsichtigten, auch dorthin zu gehen, und daher für das „Silber" in jenem Lande fürchtete, die Sache untersuchen ließ, indem er ... einige Dschaggaleute den Berg hinaufschickte, die ihm des Silbers so viel als möglich bringen sollten, aber dem speculierenden Suahili nichts als Wasser zurückbrachten. Alle die sonderbaren Geschichten von einem unzugänglichen, weil von bösen Geistern bewohnten Gold- und Silberberg im Innern, die ich mit Dr. Krapf seit meiner Ankunft an der Küste oftmals gehört hatte, waren mir nun auf einmal klar geworden..."

Beinahe rührend wirkt ein Landschaftsvergleich, den Rebmann auf dem Weg zu den Dschagga angestellt hat:

„Von jenem Thälchen stiegen wir wieder auf und hatten eine herrliche Aussicht... Wie prächtig ist doch die Landschaft in ihrer reichen Mannigfaltigkeit von Bergen, Hügeln und Thälern mit dem üppigsten Pflanzenwuchs! Ich glaubte, in den Jura-Bergen im Basel-Gebiet oder in der Gegend um Cannstatt in meinem Vaterland zu wandern, so schön war das Land, so lieblich das Klima."

Wer Rebmann und Krapf nennt, darf auch den Dritten im Bund nicht unerwähnt lassen, nämlich Jakob Erhardt aus Bönnigheim. Er gehörte ebenfalls zu dem schwäbisch-ostafrikanischen Missionarskreis und wird bei Krapf wiederholt erwähnt. Das Unterländer Pfadfinder-Trio verkörperte den Beginn der Missionstätigkeit in Ostafrika überhaupt, ausgesandt von der englischen „Church Missionary Society". Als erster ging 1844 Krapf, ihm folgte 1846 Rebmann und 1849 schließlich Erhardt. Ein bemerkenswertes außerkirchliches Verdienst des letzteren war die erste Karte von Ostafrika, die er auf Grund der Erzählungen von Afrikanern und arabischen Händlern gezeichnet haben soll (nach Harald R. Bilger „Verführung und Last der Freiheit", Druckerei und Verlagsanstalt Konstanz, Universitätsverlag, Konstanz 1972).

Wen wundert's nun noch, daß auch der erste Missionar an der Goldküste ein Schwabe war: Johannes Zimmermann. Er ist wie Rebmann in Gerlingen geboren und gilt heute als ein Wegbereiter für das moderne Ghana. Er starb im gleichen Jahr wie Rebmann, 1876, und sein hundertster Todestag ist feierlich mit Gedenktafelenthüllung und ghanaischem Königsbesuch begangen worden – aber halt in Gerlingen. Sonst nahm kaum jemand Notiz davon.

Mehr als hundert Jahre nach Mauch und Rebmann sah es in Ost- und Südostafrika anders aus. Da hatten die Weißen ganz andere Sorgen. Zuerst die Mau-Mau in Kenia, später die rhodesischen Guerillas, und dazwischen das Problem, wie man sich am besten die Zeit vertreiben und dabei zu einem Höchstmaß an Vergnügen kommen könne. Zu diesem Zweck waren z. B. in Salisbury die Pyjama- und die Schlüsselparties zu hoher Blüte gelangt. Für Interessenten sei verraten, daß bei der zuletzt genannten Form die Herren zu Beginn der Party ihre Hausschlüssel abgaben. Vor dem Nachhausegehen zog jede der anwesenden Damen einen der Schlüssel aus einem Hut und trat damit für den Rest der Nacht an die Stelle von Ehefrau oder Freundin des Schlüsseleigentümers ... 1976 waren die Weißen in Salisbury sicher sehr viel vorsichtiger im Umgang mit Hausschlüsseln und froh, wenn sie bei Nacht ihre Ruhe hatten.

Nein, das würden die frommen Männer um Krapf nicht mehr verstehen. Aber zu ihrer Beruhigung und Freude gäbe es immer noch echte Forschernaturen, die vergnügungslos und strapazenreich auf ihren Spuren wandelten, etwa die Leute vom Naturkundemuseum in Stuttgart, die wir auf ihrer mehrmonatigen Kilimandscharo-Expedition trafen. Ihr Stützpunkt war auch der unsere: die paradiesisch üppige Woltersche Kaffee- und Gemüsebohnenpflanzung Makoa zwischen der weiten Sanya-Steppe und dem majestätischen Bergriesen, der aber leider meist von Wolken verhüllt war. Bis uns eines Nachts der Hausherr weckte: „Kommt, der Kibo ist frei!" Über dem schwarzen Urwald glänzte die Schneehaube von Rebmanns Entdeckung tatsächlich wie pures Silber im weichen Licht des Vollmonds.

Wir konnten uns von dem traumhaft schönen Bild nicht mehr losreißen und ließen uns für diese Nacht auf der Veranda nieder. Unser Glücksgefühl, diesen erhabenen Anblick sogar sorglos erleben zu dürfen – ein seltener Zustand während einer Auto-Tour durch das Afrika der fünfziger Jahre – erhöhte sich noch durch eine vertretbare Portion Stolz auf unsere ersten Vorgänger hier, die es noch unendlich viel schwerer hatten. Im Geist zogen wir den Hut vor Leuten wie Krapf, Rebmann und Mauch, und der Verfasser beschloß, ihnen zu Ehren möglichst einmal in einem Johannes-Rebmann-Weg zu wohnen ...

Führend in Gas und Schnupftabak

Aus dem historischen Schwäbisch-Südafrika wollen wir einen besonders originellen Mann der Vergessenheit entreißen, der seinen bunten Lebensweg in Sulz am Neckar begonnen und in Südafrika anscheinend als kleines Universalgenie beendet hat. Er ist im Lauf seiner Karriere „vom Sohn eines kleinen, ärmlichen Kirchenbeamten" bis zum reichdekorierten Baron von Ludwig „im Dienste des seinerzeit in Kapstadt bekannten, ebenfalls schwäbischen Dr. F. L. Liesching" Apotheker gewesen, hat Kapstadt zu einem Gaswerk verholfen, ist „zum führenden Schnupftabakhändler des Kap" aufgestiegen und in dieser offenbar lukrativen Position lobenswerterweise auch noch ein „großzügiger Gönner der Natur- und Geisteswissenschaften" geworden.
Wie Mauch ist Carl Ferdinand Heinrich von Ludwig nicht von Deutschen oder Schwaben wieder ausgegraben worden, sondern von dem Südafrikaner Frank Bradlow, der dazu auch das bisher unveröffentlichte handschriftliche Tagebuch des Stuttgarter Professors F. von Krauss benützen konnte. Krauss, der auf Einladung von Ludwig nach Südafrika gekommen war, sammelte von 1838–1840 am Kap und in Natal Pflanzen, Tiere und Steine für seine Heimat, zeigte aber auch großes Interesse für das Leben der Menschen in seinem Gastland. Es ist möglich, daß seine Aufzeichnungen inzwischen in Kapstadt ebenfalls gedruckt erschienen sind.
Solche überraschenden Neuigkeiten über „diesen exzentrischen Baron aus Württemberg und seinen in der ersten Hälfte des vorigen Jahrhunderts fast weltbekannten botanischen Garten" standen 1965 in der April-Nummer der „Afrika-Post" zu lesen. Weiter schrieb O. H. S. dort wörtlich bei der Besprechung der in Kapstadt und Amsterdam erschienenen Biographie Ludwigs: „Frank Bradlow ... zeigt an der so gut wie vergessenen Lebensgeschichte Ludwigs, wieviel dieser tüchtige Schwabe auf wirtschaftlichem Gebiet (er hat u. a. das Gaswerk in Kap-

stadt geschaffen) beigetragen hat, was er für die Botanik Kapstadts und auch für die seines heimatlichen Württembergs getan hat und wie eng er durch fördernde Mitgliedschaft in allen wichtigen wissenschaftlichen und literarischen Vereinigungen mit dem kulturellen Leben seiner Zeit verbunden war ... Die großen naturwissenschaftlichen Sammlungen, die er seiner Heimat schenkte, brachten ihm den Barontitel und zwei Doctores honoris causa der Universität Tübingen ein. Frank Bradlow gebührt das Verdienst, diesen großen schwäbischen Kapstädter ... dadurch aus der Vergessenheit gerettet zu haben, daß er in einem amüsanten Tatsachenbericht eines Deutschen gedachte, der so viel für seine Wahlheimat am Kap der Guten Hoffnung geleistet hat."*)

Darüber hinaus von schwäbischen Pionieren in Südafrika zu berichten, würde – wie gesagt – den Rahmen dieses Buches sprengen. Wer sich dafür interessiert, sollte irgendwo das leider nicht mehr käufliche deutschsprachige Standardwerk zur „Geschichte von Südafrika" auftreiben, das unser in Reutlingen geborener Landsmann, Geheimrat Prof. Oskar Hintrager, verfaßt hat und das eine Fülle von schwäbisch-deutsch-südafrikanischen Beziehungen nennt. Hintrager, der seine alten Tage in Hirsau im Schwarzwald verbrachte und 1960 im Alter von 89 Jahren gestorben ist, war besonders aus seiner Zeit als stellvertretender Gouverneur von Deutsch-Südwestafrika bestens mit den südafrikanischen Verhältnissen vertraut. Später hat er in Berlin u. a. südafrikanische Studenten betreut. Einem von ihnen, Dr. Jorden, sind wir 1958 in Pretoria als Chef des chemischen Laboratoriums der Iscor-Stahlwerke begegnet.

*) *Frank Bradlow: Baron von Ludwig, The Ludwigsburg Garden. A. A. Balkema, Kapstadt/Amsterdam 1965.*

Afrika pfeift (nicht) auf Hohner

Ehe es bei diesem musikalischen Thema zu größeren Dissonanzen kommt, muß aufgezeigt werden, wie wichtig die richtige Betonung sein kann. Denn wenn Afrika zu pfeifen anfängt, dann p f e i f t es nicht auf Hohner, sondern es pfeift im Gegenteil mit Vorliebe auf Hohner, und zwar bei der über ganz Südafrika und bis hinauf nach Zentral- und Ostafrika verbreiteten populären Kwela-Musik, die in den fünfziger Jahren in den Straßenschluchten von Johannesburg als neuer Tanzstil entstanden ist. So kann trotz schwäbischer Bescheidenheit die aufsehenerregende Behauptung riskiert werden, daß halb Afrika nach unserer Pfeife tanzt . . .

Begegnungen mit den jugendlichen oder gar noch kindlichen schwarzen Straßenmusikanten, den für ein paar Pennies musizierenden Pennywhistlers von „Joburg" oder Kapstadt, gehörten zu unseren faszinierendsten und unvergeßlichen Erlebnissen in Afrika. Eindrucksvoller konnte uns nicht demonstriert werden, wie wahr Senghors Wort ist: „Nous sommes les hommes de la danse – Wir sind die Menschen des Tanzes."

Der mitreißende Kwelarhythmus, der längst auch die Lokale erobert und sich in mehrere Stile differenziert hat, aber heute meist nicht mehr urwüchsig, mit selbstgebastelten Instrumenten, sondern von kultivierten Bands gespielt wird, war ebenso eine Augenweide wie ein Ohrenschmaus, weil die echten Straßenmusiker nicht nur spielten und sangen, sondern oft auch dazu tanzten. Dabei schauten wir eines Vormittags an einer Straßenecke in Joburg, im Schatten mächtiger Wolkenkratzer, einmal genauer auf das charakteristische Instrument der Bands, nämlich auf die bald als „flute", bald als „whistle" bezeichnete blinkende Kwelaflöte, und entdeckten darauf den vertrauten Namenszug „Hohner".

Die Trossinger Firma war schon früh auf die flutartig die Bantu überschwemmende „Flute"-Welle aufmerksam geworden und stellte nach einem aus Südafrika gelieferten Muster die ersten schwäbischen Versionen der metallenen Pennywhistle her. Jahrelang lief das Geschäft sehr gut, dann ließ es nach, weil die ursprüngliche Kwela-Form leider schon nach wenigen Jahren wieder völlig von den Straßen verschwand. Die „besseren" Bands in den Lokalen aber hatten es nicht mehr nötig, wie einst in den Anfangsjahren, die Amerikaner mit der Pennywhistle als billigem Saxophonersatz zu kopieren.

Wir haben das Verschwinden der Originalform immer wieder lebhaft bedauert, weil sie ein einzigartiges harmonisches Ganzes aus eingängigen Melodien, unvergleichlich bezauberndem Sound, hingebungsvoll-entfesseltem Spiel, zugleich völlig verzücktem wie hemmungslosen Gesang, rhythmischer Brisanz und tänzerischer Besessenheit darstellte. Trotz eifrigstem Suchen war 1963 nur in Kapstadt noch eine einzige Original-Kwelaband auffindbar, und der Wunsch, originale Kwelamusik einmal zuhause am Neckar vorstellen zu können, schien nicht mehr erfüllbar.

Völlig unerwartet wurde er 1972 dank den Bemühungen des Wiener Musikethnologen Dr. Gerhard Kubik, der die gleichen Ambitionen für die Donau hatte, doch noch Wirklichkeit, und das gleich mit zwei von ihm bei der Feldforschung entdeckten Naturtalenten, die sowohl spielerisch wie kompositorisch in der Kwelamusik kaum zu schlagen sein dürften. Es war die zuvor gänzlich unbekannte „Kachamba Brothers' Band" aus dem armseligen Dorf Singano bei Blantyre in Malawi, in der Kubik selbst als Rasselspieler und Gitarrist mitwirkte. Nach ihrem vielbejubelten Deutschland-Debut im Mai 1972 in der evangelischen Nikolauskirche (!) in Freiberg a. N. kehrte das schwarzweiße Trio noch zweimal, zuletzt 1974, an den Neckar zurück (sicher auch dem „Libakesi" zuliebe ...) und begeisterte außer in Freiberg in Stuttgart, Ludwigsburg, Heilbronn, Kirchheim u. T., Mühlacker, Wendlingen, Sindelfingen, Calmbach, Sachsenheim und Erdmannshausen sowie im Daimler-Benz-Lehrlingsheim auf dem Lämmerbuckel bei Wiesensteig nicht nur die jugendlichen, sondern wider Erwarten sogar viele erwachsene Zuhörer*).

Während einer der Konzertreisen machten die Kachamba-Brüder einen Besuch an der Geburtsstätte ihrer einfachen Flöten, aus denen sie so unglaublich viel hervorzaubern. Glückstrahlend nahmen sie einige dieser neuen Zauberflöten als Geschenk entgegen, dazu Mundharmonikas, die bei der Kwelamusik gelegentlich ebenfalls verwendet werden. Alles Anlaß genug für die malawische Illustrierte

*) *Ausgezeichnete Beispiele für den ursprünglichen Kwelastil enthält die Langspielplatte der Kachamba Brothers' Band „Chichewa Malawi", die vom Institut für Völkerkunde in Wien, Universität, herausgegeben wurde und dort käuflich ist. Vier Stücke darauf sind Live-Aufnahmen aus dem Konzert in Freiberg im September 1972. Die dazugehörende Broschüre (90 S.) von Dr. Gerhard Kubik gibt zugleich eine gute Einführung in die Kwelamusik. Ferner enthält sie umfangreiche Literaturhinweise zur modernen Tanzmusik Afrikas. – Außerdem sei auf den Beitrag des Verfassers „Beobachtungen zur Kwelamusik 1960–1963" im „Jahrbuch für Jazzforschung", Bd. 5, Graz 1974, hingewiesen.*

„Moni", groß aufgemacht – schon auf der Titelseite – von den schwäbisch-malawischen Kulturbeziehungen zu berichten.
Die Trossinger Kwelaflöten und Mundharmonikas sind zwar vielleicht die nettesten und sinnigsten Beispiele schwäbischer Wertarbeit, denen wir in Afrika begegneten, aber beileibe nicht die einzigen. Ha no! Buchstäblich auf Schritt und Tritt stößt man heute dort auf die Erzeugnisse unserer großen und kleinen, berühmten und unbekannten Betriebe. Es wäre ein aussichtsloses Unterfangen, sie alle aufzählen zu wollen, und würde womöglich noch Klagen nach sich ziehen, weil etwa irgendein Sauerkrautfabrikant von den Fildern oder ein Essiggurkeneinleger vom Filstal als „Partner der Welt" vergessen wurde. Doch wenigstens ein paar besonders überraschende Beispiele sollen nicht einfach übergangen werden.
Wir haben beinahe Stielaugen bekommen, als der Herero Gottlieb vom Bottle Store im verschlafenen Karibib am heißen Namibwüstenrand die unverwechselbaren „Götz-von-Berlichingen"-Flaschen mit dem edlen Likör aus Heilbronn zum Ausfahren auf sein Fahrrad lud. Nicht weniger gestaunt haben wir, als bei einer Modenschau im eleganten Camps Bay, einem der herrlich gelegenen Badevororte von Kapstadt, fast die Hälfte der vorgeführten Modelle von Bleyle stammte. Vielleicht waren sie mit „Amann-Nähseide" aus Bönnigheim zusammengehalten, die inzwischen auch direkt am Kap gezwirbelt wird.
Die gleiche Anziehungskraft wie in Stuttgart, Ulm und Biberach übte eine große Märklin-Spielzeugeisenbahnanlage auf die Besuchermassen der Rand-Easter-Show, der großen internationalen Ostermesse von Johannesburg aus. A propos Biberach: der nächtens illuminierte riesige gelbe Turmdrehkran, der auf dem Freigelände laufend einen Wohnwagen in luftiger Höhe herumschwenkte, trug zwar die Aufschrift „Liebherr-Africa, Springs", aber eigentlich hätte ja „Liebherr-Biberach" dort stehen müssen. Sie meinen, Biberach würde in Südafrika doch keiner kennen? Da sind Sie aber schwer im Irrtum, denn wo das Lied von der schwäbischen Eisenbahn gesungen wird, ist auch Biberach bekannt. Und man singt es in Südafrika, sogar bei den burischen „Volkspeelers", die übrigens im „Kimberley'se Trein" ein Gegenstück haben. Außerdem hat schließlich die einstige Maschinenfabrik Keßler in Esslingen laut Aufschrift auf dem blank polierten Dampfdom das im alten Hauptbahnhof von Johannesburg als Denkmal aufgestellte erste von der Goldstadt verkehrende Lokomotivle geliefert.
Danach wird sich jetzt gewiß niemand mehr über folgende kleine Impressionen wundern: wenn wir in der imposanten Anlage des neuen Johannesburger Haupt-

bahnhofs auf die Uhren schauten, wußten wir nicht nur, was die Stunde geschlagen hat, sondern auch, daß sie von Bürk in Schwenningen geschlagen wird. Bei der Führung durch eine der modernen Kapstädter Fischkonservenfabriken entdeckten wir, daß „Bizerba" für die korrekte Füllmenge der Ölsardinendosen verantwortlich war, und beim anschließenden Stadtbummel schaute plötzlich die Aufschrift „Gewürzmüller Stuttgart-Feuerbach" von einer Fassade auf uns herunter. Wir mußten uns die Augen reiben, um uns zu vergewissern, ob der dahinter in den blauen Himmel aufragende „Löwenkopf" wirklich Kapstadts berühmter zweiter Hausberg oder nur der weniger eindrucksvolle Hochbunker am Feuerbacher Bahnhof war . . .

Selbstverständlichkeiten – werden Sie heute denken. Aber würden Sie auch erwarten, im U. T. C.-Kaufhaus in Lagos, also mitten im schwärzesten Afrika, in der Schallplattenabteilung „Jetzt gang i ans Brünnele", gesungen vom Männergesangverein Kornwestheim zu finden?

Niemand soll aber nun glauben, wir hätten nichts besseres an Kultur zu bieten als Volkslieder. Berühmte Orchester, Schauspieler, Sänger schwäbischer Provenienz sind auch in Afrika dort zu finden, wo man sie schätzt. Oder sie sind mindestens auf der Schallplatte anwesend. Die eigenartigste Begegnung dieser Art hatten wir 1958 südlich von Juba im Nilsudan. Wir hockten abends gottverlassen und schwer mit Sorgen beladen im trostlosen, schwarz verbrannten Busch am Auto. Rudi suchte im Radio nach ein bißchen aufmunternder, nicht-arabischer Musik. Plötzlich erwischte er einen Sender stark und klar mit der Holberg-Suite, dann mit Schuberts „Deutschen Tänzen". Laut Absage war es natürlich nicht Stuttgart oder Baden-Baden, sondern Radio Nairobi, aber gespielt hatte „the Stuttgart Chamber Orchestra, conducted by Karl Münchinger". Die Empfindungen solcher Stunden lassen sich schwer in Worten ausdrücken.

Es sei nicht verschwiegen, daß es ab und zu mit den Erzeugnissen schwäbischen Fleißes auch einen Reinfall gab. Als NSU noch Fahrräder baute, glaubte man – echt schwäbisch – im armen Afrika sei bestimmt mit robusten, einfachen und billigen Fahrrädern ein Geschäft zu machen. Aber es war dem Hörensagen nach eine glatte Fehlspekulation, weil halt doch nicht alle Menschen gleich sind und damals noch keine Marktforschung ergeben hatte, daß die Afrikaner zwar noch ärmer als die Schwaben, deshalb aber nicht unbedingt ebenso sparsam waren. Wenn sie sich schon ein Fahrrad leisteten, dann ein rechtes, mit zwei Scheinwerfern, drei Rückstrahlern, Gangschaltung, viel Chrom und mit allen Schikanen und Kinkerlitz-

chen, auch wenn darauf vier statt drei Jahre gespart werden mußte. Und NSU hatte das Nachsehen. Wie gsagt, vielleicht stemmt's net ganz, aber typisch wär's.
Andererseits weiß man in Afrika durchaus, wie gespart werden kann. Die Rhodesier bauten in Notzeiten Straßen, die auf der üblichen einfachen Erdstraße nur zwei schmale asphaltierte oder zuweilen auch betonierte Streifen als Fahrspur erhielten. Der Erfinder dieser „strips" hätte ein Schwabe sein können. Wir sollten ihn nachträglich wenigstens noch zum Ehrenschwaben ernennen.
Der Mensch lebt auch in Afrika nicht vom Brot oder von Bananen allein. Wenn er dazu noch Knorr- und Maggi-Suppen hat, dann läßt es sich aber ganz gut aushalten. Mr sott halt was Warms em Mage han, meint der Schwôb, ond wenn's no e Supp' isch – und wird daher gern als Suppeschwôb apostrophiert, der somit das genaue Gegenteil von einem Suppenkasper verkörpert. Auch wir huldigten diesem nicht unwichtigen schwäbischen Glaubenssatz, der sich gerade in Afrika bestens bewährt hat, und deckten uns für große Reisen möglichst schon zuhause mit einem wohlsortierten Suppenvorrat ein. Suppen aus Heilbronn und Singen gibt's zwar auch in Afrika zu kaufen, aber wozu hatten wir in unserem Bekanntenkreis ein Knorr-Aufsichtsratsmitglied?
Einmal konnten wir gar nicht die ganze Spende mitnehmen und ließen uns daher die Hälfte nach Akkra nachschicken. Dort wollte uns der Zoll schröpfen und fragte, was in dem Karton drin sei. Ehe der Verfasser den Mund aufmachen konnte, sagte Rudi, der wahrscheinlich an sein knappes Zigarettengeld dachte, schon unverfroren „Schreibpapier", was jedoch dem Beamten angesichts der Größe des Kartons nicht recht einleuchten wollte. Er bestand darauf, daß wir das Paket öffnen sollten. Rudi wurde zuerst mal rot, soweit er das noch konnte, dann fing er mit einer Umständlichkeit ohnegleichen an, die glücklicherweise gründlich verknotete Verschnürung zu lösen. Als ob er's geahnt hätte: der Beamte wurde immer ungeduldiger, denn die Uhr zeigte nur noch eine Minute bis Zwölf. Schlag Zwölf, als eine Sirene aufheulte, schrie er uns zornig an „It's okay", schlug sein Schalterfenster zu und weg war er. Rudi strich sich den (Angst-)Schweiß von der Stirn und brummte: „Oi Glück, daß die des au scho von ons glernt hen. Mr kennt grad moine, der hätt' scho bei ons uffm Bau gschafft." – Hoffentlich werden wir jetzt nicht noch vom ghanaischen Zoll oder gar von „Bau, Steine, Erden" belangt.
Wenn doch, erheben wir nachträglich Klage gegen ein ungeheuerliches Plagiat von „Uffm Wase graset Hase". Mit Erstaunen und Erschütterung zugleich vernahmen wir es am 11. Mai 1960, um 16.05 Uhr Ortszeit, auf dem portugiesischen

Frachter „Duque de Branganza" vor der Küste von Ghana aus dem Radio. Obwohl ohne Text und mit etwas verstümmelter Melodie war die bis heute ungeklärte Entweihung unserer zweiten Nationalhymne unschwer zu erkennen.
Wenn wir in Afrika einem der Magirus-Giganten unter der Flagge KHD begegneten, fühlten wir stets einen leichten Stich in der Herzgegend. Daß die Deutzer uns so ein Objekt für unsere Aufzählung wegschnappten! Aber irgendwie könne mr's au no fir ons beaschpruche, denn gebaut wird der Magirus schließlich immer noch in Ulm. Außerdem haben wir noch einen anderen Trost: bis in den tiefsten Urwald leuchtet der „gute Stern auf allen Straßen" von Serienlastern, Spezialtransportern, Unimogs, Taxis und Mercedes-Flotten bei Nationalfeiertagen.
Wir waren zwar mit dem Käfer aus Wolfsburg auch höchst zufrieden, aber jede Begegnung mit dem Stern aus Untertürkheim war doch immer wie ein kleiner flüchtiger Gruß aus der fernen Heimat. Manchmal gab's jedoch auch in diesem Fall einen kleinen Stich, wenn wir nämlich irgendwo an der Gold- oder Sklavenküste entdeckten, daß unter einer der verlotterten, beinahe schon legendären Mammy-Lorries ein Mercedes-Benz steckte. Bedachten wir allerdings, was diesen, zu primitiven Omnibussen umfunktionierten Lkws alles zugemutet wurde, konnten wir eigentlich nur eine genauso stolzgeschwellte Brust zeigen wie die fülligen Marktmammies als Eigentümerinnen der bis an ihre Grenzen beanspruchten wahrhaften Nutzfahrzeuge.
Die Zumutungen und Risiken gingen übrigens manchmal schon aus den lustigen, sinnigen oder auch nachdenklichen Namen hervor, die den Mammy-Lorries aufgepinselt wurden: „Denk' an deine Frau", „God save the Boy" (nämlich den Fahrer), oder schlicht und einfach „Psalm 51", der gemäß Heiliger Schrift der Württembergischen Bibelanstalt Stuttgart ein Bußgebet Davids enthält, das also beginnt: „Gott sei mir gnädig!" Was derjenige, der die halsbrecherischen Fahrten über schauderhafte Savannen- und Urwaldpisten kennt, gern mit der weiteren Bitte ergänzen möchte: „und Mercedes lasse uns nicht im Stich."
Heutzutage sorgt eine Firma von der Filder für bessere Aufbauten, die sogar in Ghana selbst hergestellt werden. Aber aus dem Bild des Überlandpersonenverkehrs werden die abenteuerlichen Mammy-Lorries wohl trotzdem noch nicht so schnell verschwinden.
Wo genau die Heimat der „Merse d ä s" oder „Mer s i h des" lag, schien außer uns kaum jemand zu wissen. Daß sie aus „Western Germany" kamen, war zwar geläufig, daß sie jedoch noch genauer ein schwäbisches Spitzenprodukt darstellen

und der big boss in Stuttgart residiert, ist in Afrika so gut wie unbekannt. Kein Mensch verbindet Mercedes mit Stuttgart oder umgekehrt.
Das hat uns natürlich immer e bißle gfuxt. Aber für Pablik Riläschen hen mr halt no nie viel ibrig ghet – ja, wenn se nix koschte dät. Dabei ghört des Imidsch vom „Partner der Welt", wie sich die Landeshauptstadt jetzt unschwäbisch hochtrabend bezeichnet, vor allem im Ausland endlich emôl gründlich aufpoliert, wenn mr sich scho en weltmännische Anstrich gebe will. Vielleicht könnt' mr e neis Qualitätszeiche wie „Made in Suevia" eiführe, oder Daimler-Benz und Bosch verpflichten, ihre Markenzeichen um den Namen „Stuttgart" zu erweitern. Billiger ging's jô nemme! Ond Porsche macht's doch au. Die hen scheint's no e bißle meh Schtolz uff ihre Wiege. Aber wer fährt in Afrika schon Porsche?
Ja, so isch des: einerseits geht's scheint's ohne ons net, andererseits lasse mr ons allzu oft unberechtigt in dr Hintergrund schiebe. Wer weiß zum Beispiel heute noch, daß sich in den fünfziger Jahren beim ersten südafrikanischen Auto-Eigenbau, den in Paarden Island bei Kapstadt produzierten flotten Sportwagen „Dart" und „Flamingo", die Schöpfer des Typs „Flamingo" auch bei Porsche und NSU Rat holten?
Sicher hätt' mr ons onderwegs en Afrika ganz anders aguckt, wenn die Pygmäe ond Buschmänner gwißt hättet, daß mir Landsleut' vom Herr Mercedes ond Herr Bosch sen! Allerdings konnten solche Bekanntschaften auch das Gegenteil bewirken, wie in Tansania, wo am Eingang zu einer Hütte ein großes Plakat mit einem rassigen roten Mercedes-Coupé prangte. Mit leicht geschwollenem Kamm machten wir dem „Häusles"-Besitzer, der uns als solcher ja sehr nahestand, kameradschaftlich klar, daß wir aus der Stadt kämen, wo diese Autos gebaut würden. Worauf uns der Mann glatt entgegnete: „Warum habt ihr dann keins?"
Wir mußten auch erleben, daß man uns wegen unserer Autos gar nicht liebte. Bei der 6. Coronation-Safari 1958 durch Ostafrika, vielleicht dem mörderischsten Rennen der Welt, gab es zunächst in allen drei Klassen – Lion, Leopard und Impala – deutsche Wagen als Sieger, nämlich Mercedes, Auto-Union und VW. Wegen des damals noch sensationellen dreifachen deutschen Triumphs, den angeblich manche Leute nicht gern gesehen haben, wurde das Ergebnis hinterher zugunsten englischer Wagen korrigiert. In der Lion-Klasse verdrängte ein Ford Zephyr II den Mercedes 219 von der Spitze und in der Impala-Klasse mußte der VW einem Ford Anglia weichen. Nur der Auto-Union 1000 durfte in der Leopard-Klasse den ersten Platz behalten. (Unter dem Namen „East African Rallye"

wird dieses schwere Rennen bis heute ausgetragen.)
Trotzdem blieb die Leistung der deutschen Wagen ein vieldiskutiertes Ereignis. Aber als wir in einer VW-Werkstatt in Nairobi mit einem schwarzen Automechaniker darüber sprachen, wurde unser Stolz noch einmal angeknackst, gleichzeitig jedoch auch wieder geheilt. Für den Kenianer war nämlich das Rennergebnis nicht wie für uns ein Grund zum Staunen, sondern zu dem lapidaren Kommentar: „Ja, ja, die Deutschen und die Russen!" Wenn der erst die Schwaben gekannt hätte!

Oben links: Donald Kachamba aus Malawi, unübertrefflicher Meister auf Hohners Kwela-Flöte.

Oben: Wußten Sie schon, daß der „Fliegende Holländer" ein Schwabe ist? (Mercedes-Pendelbus gleichen Namens für müde Touristen am Kap der Guten Hoffnung.)

Links: Götz von Berlichingen verirrte sich in moderner Form an den südlichen Wendekreis.

Schwester Irg aus Laupheim, die unüberhörbare schwäbische Note im Pallotiner-Hospital Glen Grey in der Kapprovinz.

Simbabwe, die berühmte und rätselhafte Ruinenstätte in Südostafrika, ist untrennbar mit dem Namen ihres Wiederentdeckers, des Remstälers Karl Mauch, verbunden. Hier ein Blick auf die „Akropolis".

Die „Kaiserstraße" des südafrikanischen Heilbron, eines typischen Landstädtchens im Oranje-Freistaat.

Zugvögel

Schwaben und Schwalben

Die Schwaben, denen wir in Afrika begegnet sind, ließen sich in zwei Kategorien einteilen: solche, die dauernd oder vorübergehend zom schaffe, also zom Geld verdiene dort waren, und solche, die mehr den Zugvögeln glichen und es mit den Schwalben hielten.
Der enge Zusammenhang zwischen Schwaben und Schwalben wurde uns endgültig klar, als der Verfasser auf dem scheußlich versandeten Küstensträßchen von Ambriz nach Ambrizete in Nordwestangola auf ein Brückchen fahren wollte, das nicht mehr da war. Im letzten Moment schrie Rudi rettend auf. „Mensch, wo glotsch denn Du nâ!“ herrschte er mich zu Recht empört an. „Dô nuff – guck bloß emôl“, entgegnete ich ihm mit gespielter Bierruhe, als der Wagen in einer Staubwolke zehn Zentimeter vor dem nicht mehr vorhandenen Brückchen zum Stehen kam.
Was den Verfasser so abgelenkt hatte, waren ein paar Dutzend Schwalben, die in langer Reihe auf dem die Autospur begleitenden Telefondraht saßen. „Meinsch net, die könntet mit ons gfloge sei“, wagte ich zu vermuten, „mir sen doch etwa zur gleiche Zeit weg wie d'Schwalbe.“
„Nô frag' se doch emôl“, schnauzte mich der immer noch wütende Rudi giftig an, „vielleicht verschtehn se Schwäbisch. Vielleicht sen's sogar die von Deiner Großmutter ihrem Kuhstall ...“
In diesem Augenblick erhob sich die ganze Vogelschar, umkreiste uns mehrmals aufgeregt zwitschernd und ließ sich dann wieder auf ihrer vorherigen Sitzgelegenheit nieder. „So, glaubsch jetzt, daß die mich kennet“, knurrte ich trotzig, „ond wenn net, nô hen se sich auf jeden Fall gfreut, daß se ihresgleichen troffe hen.“
Weitere Diskussionen beendete der schier aussichtslose Versuch, auf der nur autobreiten Schneise der imaginären Algier-Kapstadt-„Straße“ im drei Meter hohen Elefantengras zu wenden.
Wie mögen sich die zitierten Schwalben erst über ihre echten schwäbischen Nachahmer gefreut haben, die sich als moderne Nomaden und Abenteurer aus innerer Unruhe ständig zwischen Europa und Afrika hin- und hertreiben ließen. Doch so grundverschieden die beiden Weltanschauungen der rastlosen Zugvögel

und der rastlosen Schaffer auch sein mögen, beides ist eingefleischt schwäbisch, und nicht einmal die Gruppe der Unruhigen, der Vagabundierenden entbehrt jener mit Vorsicht gepaarten Grundsolidität, die schuld daran ist, daß die schwäbischen Zugvögel, au wenn's schier aussichtslos ist, meistens doch ans Ziel kommen, wie wir sogleich an zwei Paradebeispielen sehen werden.
Noch eines ist beiden gemeinsam: das urschwäbische Merkmal des ewigen Heimwehs, hier nach dort, und dort nach hier. Nicht nur für die Zugvögel, auch für die Auswanderer ist das Leben ein fortwährendes „Hin und Zurück" – nur gibt es manchmal kein Zurück mehr. Fernweh und Heimweh – das zog sich wie die Spätzlesspur durch alle unsere Begegnungen mit Landsleuten. Bei allem Glück und allem Erfolg, wer nicht schon als zweite Generation in der neuen Heimat geboren ist, für den gibt es kein Leben mehr ohne Heimweh. Bis zur letzten Stunde werden sie um die alte Heimat trauern, au wenn's gnau gnomme mehr om Leberschpätzle ond Laugebrezle ond Cannstatter „Zuckerle" geht.

„Peter of Charme" aus Öhringen

Gerade in einem schwäbischen Leser werden gleich instinktive Zweifel an einer Verbindung von Charm mit Öhringen aufsteigen. Und doch ist Peter ein waschechter Hohenloher von allerdings schwäbisch-außerschwäbischer Mischung. Daß er völlig assimiliert ist, beweist überzeugend der Umstand, daß er auf dem Weg mit dem VW-Bus nach Kapstadt nicht einmal in der Sahara auf Spätzle verzichten konnte. Es geht nämlich die Sage, daß er es schon am zweiten Tag in der Wüste nicht mehr ohne sein Leibgericht aushielt, nach harter Fahrt nachmittags plötzlich seinen Wagen hinstellte und seiner perplexen Monika mitten in der unendlichen, steinigen Tafelfläche des Tanezrouft, dem wasserlosen „Land des Schreckens", erklärte: „So, jetzt mache mr gepflegte Spätzle!" Und so sei es mit rührender Hingabe auch geschehen, nur hätten die Spätzle leider ziemlich sandig geknirscht. Aber sagenhaft ist die Geschichte für den, der Peter kennt, gar nicht.
Von Haus aus war Peter Friseur, nach Aussehen Herzensbrecher Typ Omar Sharif und ansonsten ein junger Mann, der weichlich, verspielt und wie eine Modepuppe wirkte. Aber dahinter verbargen sich praktischer Sinn, handwerkliche Tüchtigkeit, ein unkompliziertes, gewinnendes Wesen und sportliche Zähigkeit, die man ihm freilich erst recht glaubte, als er eine geradezu vorbildliche

Afrika-Durchquerung „hingelegt" hatte. Als er nach der auch heute noch nicht leichten Mammuttour in Pretoria ankam, sah der VW-Bus noch aus wie bei der Abfahrt. Das rollende, mit allen Schikanen selbst eingerichtete Abbild eines blitzsauberen schwäbischen Eigenheims strahlte unversehrt Glanz, Frische und Ordnung bis ins Letzte aus, und das, obwohl die Besatzung schon in Westafrika um ein Äffchen erweitert worden war, was üblicherweise für Ordnung und Sauberkeit nicht gerade förderlich ist.

Als wir später Peter in Johannesburg wieder trafen, war aus dem wettergebräunten Afrikafahrer laut exklusiver schwarz-goldener Visitenkarte „Mr. Peter of Charme" geworden, ein „Art Continental Hair Stylist" im Bryanston View Shopping Centre, gut verdienend, von Frauen bewundert und verwöhnt. Aber im Grunde war er immer noch der Alte, und wie zu erwarten, hielt er es in der neuen Rolle nicht allzulange aus. Einige Zeit danach tauchte er als „Director" einer Importfirma wieder in Deutschland auf, wollte noch einmal mit dem Auto nach Südafrika zurück, blieb aber zuerst in Österreich, dann in Spanien hängen, fungierte einen Winter lang als Disc-Jockey auf den Kanarischen Inseln und dann zuhause in Öhringen, schaute sich zwischendurch in Thailand nach neuen Chancen um, meldete sich eines Tages unverhofft aus Mombasa und ist zur Zeit für uns verschollen. Wir sind aber überzeugt, eines Tages wird er urplötzlich strahlend und optimistisch wieder vor uns stehen und neue Abenteuer hinter sich haben. (Diese Zeilen waren kaum geschrieben, als eines Abends das Telefon schellte und Peter sich meldete. Aber weder von Schanghai noch von Rio, bloß von Reutlingen, wo er als Peter Porter die neuesten Schlager servierte und schon den nächsten Plan auf Lager hatte. „Du, i han e Weltreise vor", meldete er ganz geschäftsmäßig, „weißt Du jemand, der mitging? Er muß bloß Spätzle mache könne ..." Und er hat seine Träume wieder verwirklicht: Monate später schrieb er von den Malediven „von hier geht's nach Singapur, Java, Australien – dann sehen wir wieder weiter ...").

So mustergültig wie Peter reisen natürlich auch nicht alle Schwaben in Afrika herum. Das glatte Gegenteil wurde uns vorgeführt, als wir eines Tages am Karibia-Damm einen vergammelten NT-Käfer trafen. Seine zwei Insassen schienen sich hauptsächlich von schwäbischer Hartwurst zu ernähren, von der sie nach eigenen Aussagen einen ganzen Koffer voll von zuhause mitgenommen hatten. Da die Würste zum Teil offen kreuz und quer im Wagen zwischen Ölkanistern, Schlafsäcken, Ersatzreifen, Sandalen und verschwitzten Hemden romgfahre sen,

war die Probe, die wir von der ohnehin schon ranzigen Dauerwurst erhielten, kein vollendeter Genuß. Aber jedem das Seine.
Einsame Spitze dieses Grundsatzes realisierte ein anderer Kollege von unterwegs, gar mit LB-Nummer. Wohl mehr einem inneren Drang als dem freien Willen gehorchend, weigerte er sich, die Wüste ohne zusammenlegbares Reise-Clo zu betreten. Sicher hat er gewußt, warum, aber 's zeigt mal wieder, daß mr bei einer schwäbischen Safari mit allem rechne kann.

Stahlroßritt nach Kapstadt

Der Weg nach Kapstadt ist nicht gerade ein Katzensprung, besonders wenn der Ausgangspunkt Markgröningen heißt. Er wird auch weder näher noch leichter, wenn als Transportmittel ein Fahrrad und damit als Antrieb die eigene Muskelkraft dient.
Helmut Hermann, Jahrgang 1946, hat es 1973/74 geschafft. Gewiß nicht als erster oder einziger, aber viele Konkurrenten hat er nicht. Manche von ihnen hen's außerdem, wie Fritz Kortler aus Illertissen, e paar Kilometer näher ghet ... Auf jeden Fall sind 10 000 Kilometer Stahlroßritt durch Wüste, Busch und Urwald nicht alltäglich und ein Musterbeispiel für den Fundamentalsatz der schwäbischen Verhaltenslehre: „No net nôchgebe!" Es muß ja net immer bloß dr Kopf damit gmeint sei, obwohl selbiger im vorliegenden Fall bestimmt genauso mitgwirkt hat wie die Wadenmuskeln.
Am Aufgeben war Helmut Hermann unterwegs mehr als einmal, wenn er abends mit glühendem Gesicht und sonnenverbrannten Händen irgendwo an einem Brunnen im verdorrten Sahel in den Schlaf sank, wenn sich die Bürokratie an den Grenzen fast unüberwindlich vor ihm auftürmte, wenn er im schwülen, vor Feuchte tropfenden Dschungel an seinen eitrigen Füßen herumdokterte, wenn besoffene Untergrundkämpfer mit ihren Gewehren vor ihm herumfuchtelten und er ausgepumpt sein Stahlroß auf der Flucht kilometerweit über klebrig verschlammte Urwaldpisten schieben mußte. Doch immer wieder befahl er sich: „Uffgebe wird net, eh i net am Tafelberg schteh!"
Welche enorme physische und auch moralische Leistung dahintersteckt, kann nur der ganz ermessen, der selbst Afrika in seiner unermeßlichen Größe und unerbittlichen Härte kennt. Er weiß aber auch, daß nur derjenige, der sich diesen Erdteil zu

Fuß oder auf dem Fahrradsattel erschließt, Afrika und seinen Menschen wirklich nahe kommt, ihre Probleme verstehen lernt und vom befreienden Charakter und der herben Schönheit dieses Erdteils so gefangen genommen wird, daß er zeitlebens davon fasziniert bleibt.
Helmut Hermann hat schließlich Kapstadt und den Tafelberg erreicht. Körperlich war er ziemlich am Ende, für viele Monate noch gezeichnet von der Sonne Afrikas. Wenn er einem die Hand gab, hatte man das Gefühl, als habe er Lederhandschuhe an.
Aber das Bewußtsein, einen Riesenkontinent mit eigener Kraft bezwungen und so einen neuen Sieg für die Erhaltung Schwäbisch Afrikas errungen zu haben, hat ihn für alle Strapazen und Leiden genügend entschädigt. Ebbes, wo onderm Strich überhaupt nix rausguckt, fängt e rechter Schwabe sowieso net an. Notfalls bringt er halt – so unglaublich es klingt – sogar nichtmaterielle Werte in Ansatz ...

Schwäbische Begegnungen

Rommel als Werbetrommel

Gelegentlich sind wir in Afrika einem Mitschwaben begegnet, der gar nicht mehr lebte, dessen Name dort aber immer noch mythischen Klang besaß.
Vor allem in Nordafrika wußten wir in den fünfziger Jahren im voraus nie so recht, wie wir mit den Einheimischen dran waren. Finstere Mienen und Mißtrauen waren nicht selten, in Algerien oft bis zum glühenden Haß gesteigert. Gewiß, die Gesichter änderten sich manchmal schlagartig, wenn die Leute merkten, daß wir „allemand" waren, aber das eigentliche Zauberwort, das von Marokko bis Ägypten sogar die Herzen öffnete und eine Art schwäbisch-arabische Solidarität schuf, hieß ganz einfach: Rommel.
In Nordafrika sind wir Rommel und seinen Gegnern im Wüstenkrieg allerdings auch noch in Form von gesprengten Bunkern, von Soldatenfriedhöfen und von Mahnmalen wie Stauferburgen mit manchem vertrautem Namen begegnet. Schützengräben, ausgebrannte Panzer, zerdepperte VW-Kübelwagen, verrostete Geschütze und Stacheldrahtrollen, Abertausende von Granathülsen und ganze Kriegsschrottberge, die im heißen Wüstensand auf den Abtransport warteten, prägten noch weithin die Landschaft. Trotzdem haben wir pazifistisch ahnungslos zwischen den traurigen Hinterlassenschaften einer sinnlosen Gegnerschaft gezeltet, denn die ganze Wüste zwischen Alexandria und Tripolis war ja übersät davon. Bis an einem der dort üblichen schönen Morgen ein arabischer Busfahrer, der uns von der Küstenstraße aus gesehen hatte, mit dem Ausdruck höchsten Entsetzens und größter Vorsicht auf uns zugelaufen kam. Sein fortwährendes aufgeregtes „bumbum, bumbum!" machte uns schließlich unzweideutig klar, daß er nicht auf verflossene Ereignisse anspielte, sondern darauf, daß die ganze Gegend noch von verborgenen Minen und Blindgängern verseucht sei. Später wurde uns dies von US-Minensuchern mit den Worten „Das war ja heller Wahnsinn!" bestätigt, nicht ohne gönnerhaft hinzuzufügen: „Rommel gut, Germans gut." Mit Rommel schien es fast wie mit Mercedes und Aspirin zu sein: er galt als Markenzeichen deutscher Qualität. Oder wenn einer nicht kapieren konnte, woher wir kamen, mit einem dieser Begriffe war sofort alles klar: „Oh, verstehen, deuts." Noch mehr –

nämlich schwäbisch – konnten wir nicht mehr gut verlangen, aber was nicht ist, kann ja noch werden.
Später empfanden wir die arabische Wertschätzung Rommels nicht mehr ganz so schmeichelhaft, besonders nachdem wir erlebt hatten, wie schnell die Reitkamele für die Touristen an der Cheopspyramide ihre Namen wechselten. Kaum war ein Engländer von seinem „Churchill" gestiegen, wurde uns dieser bereits als „Rommel" angeboten. Da wir jedoch lieber zu Fuß gingen, versuchte der schlaue Kameltreiber seine Einnahmequelle flugs als „Bismarck" einem pensionierten deutschen Studienrat sympathisch zu machen. Augenscheinlich war dieser aber auch ein „Bhäber" und verzichtete trotz der entgegenkommenden Namensverleihung ebenfalls. Da hatte der wendige Wüstensohn die Deutschen satt, strebte auf einen Amerikaner zu und schwelgte: „Du reiten auf ‚Eisenhower', beste Kamel von ganz Ägypten, nur für Amerikaner!" – Und das alles ohne jedes Psychologie- und Völkerkundestudium. Der Studienrat a. D. grollte erkenntlich über den unwürdigen Umgang mit seinem Idol. Wir amüsierten uns dagegen über das bewundernswert feindifferenzierte Gespür des Filous – aber, ehrlich gesagt, e bißle wurmte es uns auch, wie der arabische mit unserem schwäbischen Wüstenfuchs Schindluder trieb.

Im entgegengesetzten Teil Afrikas sind wir Rommel ebenfalls manches Mal begegnet, zum Beispiel in Heilbron, worüber auf Seite 157 nachzulesen ist. Obwohl sonst die Araber im Norden und die Weißen im Süden keinen guten Faden aneinander ließen, in ihrer Hochachtung vor dem Generalfeldmarschall von der Rauhen Alb waren sie sich ausnahmsweise einig. Unser Zusammentreffen mit ihm im Johannesburger Kriegsmuseum war als Folge der ziemlich martialischen Umgebung freilich zwiespältig. Was im Norden noch zerfetzt im Wüstensand herumlag, war hier säuberlich poliert und mit frischen Hakenkreuzen versehen inmitten einer deprimierenden Anhäufung von Vernichtungswaffen als Spektakel zur Schau gestellt. Was Rommel zu dem Rummel sagen würde? Vielleicht: „Mir wär's au lieber, dr Krieg dät nur em Saal stattfinde."

Idole, an sich schon eine heikle Sache, sind immer der Gefahr ausgesetzt, mißbraucht zu werden. Aber gegen einen Rommel als kostenlose Werbetrommel für unsere Heimat läßt sich eigentlich nichts einwenden. Oder wär des etwa net nett, wenn mr eines Tages im afrikanischen Werbefunk in Trommelsprache höre könnt': „Des isch gerommelt wie getrommelt."

Über Germanenstraße, Bauchwehweg und Jubelpfad

„En welchem Gäu soll denn des sei?" wird sich der Leser angesichts dieser Überschrift mit Recht fragen. Nun, des Gäu liegt nirgendwo zwischen Härtsfeld, Heuberg, Allgäu und Zabergäu, sondern es existierte überall in Angola, wo Deutsche auf Portugiesen und Afrikaner abgfärbt hen. Leider sind schneller als gedacht auch diese deutschen und schwäbischen kolonialen Reste so gut wie ausgelöscht worden.

Angola hat nach dem Ersten Weltkrieg in der Auswanderung aus Deutschland eine besondere Rolle gespielt, weil die Portugiesen die ersten waren, die damals in ihren Überseebesitzungen wieder Deutsche aufgenommen haben. Die Beiträge dieser Siedler, Geschäftsleute und Unternehmer zur wirtschaftlichen Entwicklung gerade Angolas waren beachtlich, teilweise sogar von richtungweisender Bedeutung. Es sei nur an die Pionierarbeit mit dem Robusta-Kaffee erinnert, im Sisal-, Apfelsinen- und Ananasanbau, im Bergbau und in der Zellstoffproduktion.

Hauptsächlich in der zweiten Hälfte der zwanziger Jahre floß eine richtige Auswanderungswelle nach Angola, die zur Bildung einer nach dem Zweiten Weltkrieg wohl etwa tausend Menschen umfassenden deutschen Kolonie führte. Diese Zahl mag gering erscheinen, in dem weithin nur sehr dünn besiedelten Land stellte sie jedoch, eben wegen ihrer unternehmerischen Leistungen, so etwas wie die Gärhefe für den zuvor nur sehr langsamen Entwicklungsprozeß des Landes dar.

Daß unter den eingewanderten Deutschen auch der obligatorische schwäbische Anteil zu finden war, bräuchte eigentlich gar nicht extra erwähnt zu werden. Mit unserem Musterfall von schwäbischem Kolonialismus unter der Überschrift „Lumbungo – schwäbische Insel im Busch" haben wir bereits ein besonders treffendes und originelles Beispiel kennengelernt. Wenigstens andeutungsweise seien noch einige weitere Belegstücke vorgezeigt.

Angolas Germanenstraße war weder eine Stadtstraße noch eine Autobahn, sondern auf den ersten Blick eine typisch afrikanische Erdstraße im Bergland: kurvig, holprig und notdürftig, je nach Wetterlage schmierig oder staubig. Doch irgendetwas wirkte anders an diesem schmalen Sträßlein, das vom früheren Administrationssitz Vila Mariano Machado an der Benguelabahn, westlich von Huambo (Nova Lisboa), durch ein reizvolles, breites und verhältnismäßig wasserreiches Hochtal bis zur herrlich gelegenen Escola alemão, der Deutschen Schule, führte.

Die Erklärung lautet einfach: dort reihte sich in fast ununterbrochener Folge eine deutsche Pflanzung an die andere. Aber noch wäre es verfrüht zu sagen „Aha, daher der Name“, denn der eigentliche Grund für die vielsagende Benennung war die Tatsache, daß die Eigentümer dieser Fazendas das Sträßlein einst selbst gebaut haben.
„Ist es nicht verrückt“, schimpfte der Taubertäler Ikas hoch oben am Hang von Calosepa, „daß unsere Nachbarn in Südwestafrika, unter denen so viele Deutsche sind, ihren Kaffee in Kenia oder Amerika kaufen statt bei uns vor ihrer Haustür?!“ Er drückte uns zwei Säckchen besten Arabica-Rohkaffees in die Hand, womit wir versuchen sollten, in Windhuk das große Kaffeegeschäft anzubahnen. Zwar haben wir uns redlich bemüht, viel ist jedoch dabei nicht herausgekommen, denn im Jahr 1960 gab es politisch noch mehr Gegensätzlichkeiten als Gemeinsamkeiten zwischen Portugal und Südafrika. Aber auch aus geographischen und verkehrsmäßigen Gründen bestanden so gut wie keine Handelsbeziehungen zwischen Angola und seinen südlichen Nachbarn.
Der Kaffee von Ikas und seinen benachbarten Anliegern der Germanenstraße wuchs auf bewässerten Hanglagen, bildete aber nicht, wie bei den meisten Kaffeepflanzungen im Norden Angolas, die einzige wirtschaftliche Grundlage. Dazu gehörten im Süden zum Beispiel auch Mais, Bohnen und Vieh. Aber es ist eben der Kaffee, der den Zauber dieser Pflanzungen ausmacht. Abends bei Sonnenuntergang schlenderten wir durch den märchenhaft blühenden Kaffeewald, durch ein einziges Meer weißer Blütensternchen auf dunkelgrünem Laubgrund, und eingehüllt vom betörenden Jasminduft dieser unbeschreiblichen Pracht. Zwischen den langen Reihen der auch vom Wuchs her dekorativen Kaffeesträucher glitzerte silberhell das vom Monguavolo hergeleitete Wasser, das in vielen schmalen Rinnen munter talwärts plätscherte. Wieder einmal kamen wir uns vor wie in einem malerischen Garten Eden ewigen Friedens. Und kein Mensch konnte sich vorstellen, daß einmal eine schreckliche Vertreibung daraus erfolgen würde.
Von der Germanenstraße zum Bauchwehweg ging es nicht einfach um die Ecke, sondern etliche hundert Kilometer durch einsame, großenteils unberührte Bergländer und Hochebenen nach Norden, in die Gegend von Calulo. Aber genau genommen sind in Afrika die meisten Straßen Bauchwehstraßen, das heißt von so mieser Beschaffenheit, daß ihr Befahren mit mehr als zehn Stundenkilometern Bauchweh verursachen kann. Streckenweise, nämlich bei ausreichender Übersicht, kann man freilich auch mit hundert „Sachen“ dahinschießen und hat dann das Ge-

fühl, in einer Luftkissenrakete über Schlaglöcher, Rinnen und Wellen zu schweben. Mit anderen Worten: nur wer chronische Bauchschmerzen in Kauf nimmt oder gleich zu Fuß oder per Fahrrad geht, kann Afrika dort erleben, wo es interessant ist, und das müssen nicht unbedingt Fruchtbarkeitstänze und Beschneidungszeremonien sein. So haben wir Chinguri, eine große Fazenda unweit vom ehemaligen Nova Lisboa, ebenso fesselnd gefunden, obwohl dort Fruchtbarkeit nicht von Tänzen, sondern von Arbeit abhing, und die Beschneidung nicht der Medizinmann an empfindlichen Organen, sondern Hans Graf aus Stuttgart an sprießenden Orangen vornahm – wenn man das so geschrieben sieht, ist der Unterschied allerdings nicht mehr groß.
Verwalter Hans Graf vermittelte uns in Chinguri ein lehrreiches und einprägsames Bild eines beispielhaften Pflanzungsbetriebs. Beim umfangreichen Maschinenpark, der in Angola ebenfalls noch Seltenheitswert besaß, fingen wir an, bei einer Kühlhalle mit Kältemaschine, in der Nähe des Stausees für die künstliche Bewässerung, hörten wir auf. Der Arabica, hundert Hektar insgesamt und tadellos sauber gereinigt, zog sich in parallelen, leicht gewundenen Reihen den Höhenlinien der sanften Hänge entlang, beschattet von pyramidenförmigen Grevillien. Dank der Bewässerung stand der Kaffee von Chinguri bereits im September, vier bis sechs Wochen früher als anderswo, in voller Blüte und duftete mit den Orangenbäumen um die Wette. Ein junger Eukalyptenwald wirkte von weitem wie ein Tannenforst und brachte eine Schwarzwälder Note in das für Schwarzafrika noch fremde Bild von Apfelsinen- und Mispelhainen. Noch schöner war der Eindruck in der folgenden kühlen und klaren Nacht, als die Orangen golden im Mondlicht schimmerten. Jeder hing still seinen Gedanken nach. Nur einmal sagte Hans Graf wie zu sich selbst: „Von allein isch des alles net geworden – aus nix wird nix." Vielleicht wollte er damit durch die Blume ausdrücken, daß die bösen Ausbeuter nicht nur auf der faulen Haut lagen.
Die „Grafen" von Stuttgart schienen gleichmäßig über ganz Angola verteilt zu sein. Es gab sie auch in der Hauptstadt Luanda und weit im Osten davon bei Malange. Auf dem Weg zu dem entlegenen, gewaltigen Wasserfall „Duque de Bragança" des Lucala-Flusses machten wir kurz auf der Grafschen Gemüsefarm Station, um uns staunend davon zu überzeugen, welch fruchtbarer Gemüsegarten dort existierte, wo sich vor 35 Jahren noch ein unnützer Sumpf ausbreitete.
Bei diesen Fahrten kam uns eines Tages zum Bewußtsein, daß wir uns anscheinend schon ganz gut an die Bauchwehwege gewöhnt hatten, denn von Bauchweh

verspürten wir nichts mehr. Trotzdem atmeten wir jedesmal hörbar auf, wenn wir mal wieder auf ein paar Kilometer „Jubelpfad" gelangten, auf dem wir nicht bis ins Mark erschüttert wurden. Leider waren die Jubelpfade keine beständige Einrichtung, boten also keinesfalls eine Garantie zum Jubeln im voraus. Wie überall in Afrika, konnte auch der Zustand dieser Wegstrecken einige Tage später schon wieder zum Heulen sein.
Der Original-Jubelpfad des angoladeutschen Volksmunds entpuppte sich als ein klägliches Verbindungssträßchen auf Calulo zu. Aber dank einer entgegenkommenden natürlichen Untergrundbeschaffenheit war er trotz mangelnder Instandsetzungsarbeiten meistens so schön glatt, daß man mit dem Auto sehr zügig vorankommen konnte. Und das war Grund zum Jubeln für Mensch und Motor gleichermaßen. Oft machte es nur der Jubelpfad möglich, an einem Tag von Oesterlens Lumbungo zur hundert Kilometer entfernten Post und wieder zurück zu kommen. Dabei drückten die Pflanzer selbst auf den Heulpfaden ohne Rücksicht auf Verluste das Gaspedal bis zum Anschlag durch. Sah die zarte Frau Oesterlen unsere entsetzten Gesichter, wenn bei einer solchen Sturmfahrt unterwegs die Fetzen flogen und ein halber Kotflügel an einem Felsbrocken hängen blieb, sagte sie nur seelenruhig: „Ja anders komme mir heut' nimmer bis zu Mannhardts, ond en Kotflügel braucht mr en dr Trockenzeit sowieso net."
Da es zwischen Lumbungo und Mannhardts Rio Bungo keinen durchgehenden Jubelpfad gab, gestalteten sich die 70–80 Kilometer dorthin als komplette Tagesreise. Trotzdem fühlte man sich wie Nachbarn, nicht zuletzt deshalb, weil sich auf Rio Bungo vorübergehend eine aus der Not geborene, private deutsche Mini-Zwergschule befand, die der kleine Berndt Oesterlen eine Zeitlang besucht hat. Die Schulverhältnisse waren beneidenswert, denn wo wünschte man sich nicht Klassen mit drei Schülern? Oder einen so ungezwungenen Deutsch-Unterricht wie bei Oma Mannhardt, an dem häufig auch eine vierköpfige Katzenfamilie teilnahm.
Opa Mannhardt, der frühere südwestafrikanische Schutztruppenoffizier ging beinahe wie Richard Oesterlen ganz im Kaffee auf. Dementsprechend sah auch seine Pflanzung aus. Wir konnten kaum fassen, daß ein Holsteiner den schönsten Kaffee präsentierte, den wir bis dahin in Angola gesehen hatten, sogar noch schöner als in Lumbungo. „Das kann nur an dem guten Boden am Löwenberg liegen", so und ähnlich versuchten wir, eine uns befriedigende Erklärung für diese unerwartete Erscheinung zu finden. Oder – hatte nicht der alte Mannhardt einmal er-

zählt, seine Vorfahren stammten aus Klein- und Großheppach? Ja dann war alles ja kein Wunder mehr, und wir konnten wieder ruhig schlafen …

LmA in Kapstadt

Was in der Sahara oder am Kongo überraschend und verwunderlich war, kam in Südafrika, einem Land mit über 100 000 Deutschen, nicht unerwartet. Die Begegnung mit Landsleuten auf der Straße, im Lokal, auf der Farm oder in einer Fabrik gehörte zur Tagesordnung. Trotzdem erlebten wir auch dort Fälle, da waren wir einfach perplex.
In Angola hatte uns einmal ein Deutscher einen Tip für eine nette, preiswerte Pension in Kapstadt mitgegeben. Als wir Jahre später wieder einmal den Tafelberg in der Ferne auftauchen sahen, hatten wir den Hinweis vor lauter Erlebnissen und Sorgen einer langen Zwischenzeit fast vergessen. Erst als wir am Stadtrand beratschlagten, wo wir uns diesmal hinwenden sollten, fiel uns der Name Riele wieder ein und wir fanden nach langem Herumkramen tatsächlich noch die Anschrift im Stadtteil Oranjezicht.
An einem strahlenden Morgen erreichten wir die gemütlichen, ansteigenden Wohnsträßchen unmittelbar zu Füßen des Tafelbergs. Da wir nach einigem Suchen die Breda Straat nicht fanden, stiegen wir aus, um jemand zu fragen. In Englisch sprachen wir eine Dame an, die mit einer jungen Frau des Weges kam. Und in Englisch erhielten wir freundlich die Auskunft, die gesuchte Straße sei gleich zweimal links um die Ecke. Als wir zu unserem eindrucksvoll bemalten VW zurückgingen, rief plötzlich jemand hinter uns her: „Hallo, ghört euch der Karre!?" Es war dieselbe Dame, mit der wir soeben vornehm Englisch parliert hatten. Sie kam sofort wieder näher, und als wir bestätigten, fragte sie weiter: „Wo sen ihr denn her?" Auf unsere Antwort „von Kirchheim" entfuhr ihr völlig undamenhaft, dafür aber mit der in solchen Augenblicken entschuldbaren Vehemenz der Ausruf: „Jetzt leck mi am Arsch – i au!"
Zwar stellte sich heraus, daß sie nicht vom Neckar, sondern von der Teck stammte, aber schon war die nächste Verblüffung fällig. Sie fragte nämlich: „Zu wem wollet'r denn?" und wir antworteten: „Zur Pension Riele". Da hat se Schoche nausglacht ond erklärt: „Des wird jô emmer glatter – des ben i!"
So kam es, daß wir in Kapstadt gleich wieder richtig daheim waren. Dieses Ge-

fühl, zu Hause zu sein, war halt unterwegs immer besonders schön, und die Freude, Landsleute zu treffen, besonders herzlich. Schließlich bewegten wir uns ja nicht in Italien oder Spanien, sondern bis zu 10 000 Luftkilometer vom Neckar weg. Wenn wir am Südende Afrikas standen, lagen Wüsten, Savannen und Urwälder unermeßlichen Ausmaßes und auf dem Landweg manchmal kaum bezwingbar, zwischen uns und der Heimat.

Daß es uns nicht allein so ging, war vielleicht der Anlaß für einen Telefonanruf, der uns im März 1958 in Kapstadt erreichte: „Hier ist Klein, ich bin aus Stuttgart, aus der Schwabstraße in Vaihingen, und habe in der Stadt Ihren Wagen gesehen …" Erst 1975 stellte sich für uns heraus, daß es derselbe Herr Klein war, der heute als Holz-Klein in Leinfelden im Kapweg (!) wohnt und nebenbei als Vizepräsident der Deutsch-Südafrikanischen Gesellschaft fungiert.

Auch die Nordschwarzwälder Lehrerin, die wir überraschend in der armen kleinen Privatschule der deutschen Siedlung Philippi in der sandigen Kapstädter Vlakte antrafen, war ob des unverhofften Zusammentreffens so freudig bewegt wie wir. Ihre Schüler quälten sich mit Deutsch wie mit einer Fremdsprache. Vielleicht reisen auch andere Herren einmal hin, diejenigen nämlich, die im Auswärtigen Amt oder an anderen maßgebenden Stellen so gern die Schulmittel für diese abgeschriebenen Deutschen kürzen oder streichen möchten und die es offenbar wenig berührt, wie zäh diese norddeutschen Pioniere unter großen Opfern an der heimischen Sitte und Sprache festzuhalten versuchen. Die wirtschaftlichen Leistungen der „Kolonialisten" scheinen ja heute ohnehin nicht mehr zu zählen, und für viele bei uns ist es nicht einmal mehr der Beachtung wert, wenn irgendwo weit weg aus einer unfruchtbaren, überhaupt nicht als nutzbar geltenden Sandfläche von deutschen Landsleuten mit Fleiß und Köpfchen ein fruchtbarer Garten geschaffen wurde.

Trotzdem war immer noch jeder herzlich willkommen, der aus der alten Heimat kam. Auf der hervorragenden, dunkelrot asphaltierten N 3 zwischen Pietermaritzburg und Ladysmith hatten wir eben noch über ein begegnendes Fahrzeug mit der Nummer CDU 61 gegrinst, als uns ein anderer Wagen laut hupend aufschreckte, überholte und zum Anhalten aufforderte. Und warum wohl? Weil der aus Pforzheim stammende und mit einer Burin in Johannesburg verheiratete Fahrer einfach nicht so mir nichts dir nichts an uns vorbeibrausen konnte. Dr. Fuhrmann, bei der Niederlassung von Escher-Wyss in Johannesburg tätig, wollte auch nicht, daß es nur bei einem kurzen „hallo" und „woher, wohin?" blieb, sondern lud uns ein, ihn unbedingt zu besuchen. Obwohl wir später bei Familie Fuhrmann zwei sehr nette Tage verbrachten, blieb uns doch etwas ganz anderes am meisten in Erinnerung, und zwar eine Rundfahrt mit Frau Fuhrmann durch Johannesburg. Erstens tat sie in einer brenzligen Verkehrssituation beinahe auf Schwäbisch den für uns unvergeßlichen Ausspruch: „Natürlich, e Frau am Schteuer!" (womit sie übrigens nicht etwa sich selbst meinte!). Zweitens erlebten wir ein kaum erwartetes Beispiel von Ehrlichkeit, nachdem wir, überwältigt von den neuen Eindrücken, vor dem pompösen Portal der berühmten „Forty Five Main Street" eine Fototasche mit einem Wert von weit über tausend Mark hatten stehen lassen. Siedend heiß fiel es uns nach einigen Minuten im Auto ein. Wir rasten, soweit das in der rush hour ging, zurück, aber natürlich war die Tasche weg. Ohne Hoffnung und völlig niedergeschlagen betraten wir die monumentale Zentrale der Anglo American Corporation und gingen zu dem schwarzen Portier. Als er uns traurig daherschleichen sah, fing er sofort zu strahlen an und hob auch schon triumphierend unsere Tasche hoch. Solche Szenen gaben uns viel zu denken, weil sie nicht in das übliche Klischee von Joburg im allgemeinen und von den Bantu im besonderen paßten.

Kaum hatten wir die Fuhrmanns auf der N 3 verlassen, da gab es in Ladysmith für Rudi ein stürmisches Wiedersehen mit seinem Studienkollegen Hans-Martin Ruof aus Calw. Die beiden hatten auf Schloß Hohenstein über Kirchheim a. N. bei Professor Mecheels Bekleidungstechnik oder sowas gelernt. Nun arbeitete Hans-Martin, in Hohenstein immer noch als „Liebling" von Posthalterin „Tante Klara" unvergessen, bei der CLCC, der „Consolidated Lancashire Cotton Corp. Ltd.", einer modernen Baumwollspinnerei mit 100 000 Spindeln, die nach Kriegsende von dem englischen Juden Mr. Frame in einer ausgedienten Munitionsfabrik gegründet worden war. Wohnen tat Hans-Martin in der Manchester Road bei einer Familie Dümmel aus dem Allgäu, umgeben von anderen Deutschen und einem internationalen Völkchen von Engländern, Buren, Italienern, Polen, Franzosen und Schweizern. Leider gab es in der Stadt auch noch eine andere Kategorie von Weißen, die „Super Whites", die sich nachts als dunkle Existenzen zeigten. Im übrigen beherrschten aber die geschäftstüchtigen Inder das Bild, was jedoch schon ein paar Meilen weiter, hinter dem Van Reenen's Paß und damit im Oranje-Freistaat, völlig undenkbar war. Dort durften sich Inder nie niederlassen.

Den Paß selbst brachten wir ohne Schaden hinter uns, obwohl in einer Zeitung die furchterregende Meldung gestanden hatte, ein Auto sei vom Sturm von der

Paßhöhe geblasen worden. Aber vielleicht standen wir hier unter einem besonders guten Stern, denn das Städtchen Bethlehem war nicht mehr fern. Dann, nach einer Fahrt durch Mais-, Hirse- und Sonnenblumenfelder, waren wir plötzlich fast wieder daheim: „Heilbron 6 Meilen" verkündete ein Schild.
Im Gegensatz zum südafrikanischen Berlin, Heidelberg oder Frankfurt gab es allerdings zu unserer Enttäuschung keinerlei Beziehungen zum schwäbischen Heilbronn. Der Name des hübschen, fünftausend schwarze und 2500 weiße Einwohner zählenden Städtchens wies nur auf eine Quelle hin, die mit einer täglichen Schüttung von etwa 50 000 Gallonen für südafrikanische Verhältnisse ein Phänomen darstellt. Besonders stolz war man 1961 in Heilbron auf Südafrikas modernstes, in Deutschland geplantes Werk für Trockenmilch und Käse, auf die neue „Willem-Pretorius-Highschool" und den guten Boden ringsum. Der umgebende Distrikt ist denn auch rein landwirtschaftlich geprägt und im Ort selbst findet alljährlich eine Landwirtschaftsschau statt. All das und noch vieles mehr erzählte uns Town Clerk Breytenbach. Am Schluß rückte er noch damit heraus, daß ihm die Schwaben durchaus ein fester und unvergeßlicher Begriff seien. Wir verzogen schon unsere Mienen, weil wir wieder Schlimmes befürchteten, sieben Schwaben und so. Doch diesmal kamen wir besser weg. Dazu genügte ein Wort, ein Name: „Ich habe in Ägypten gegen Rommel gekämpft."

Schwäbisch getupft

In Johannesburg und Pretoria kommt die Spezies Schwaben massiert vor. Aber auch außerhalb dieser Zentren sind in Südafrika die schwäbischen Tupfer dichter als in irgendeinem anderen Land des Erdteils. Wohin man seine Schritte oder sein Auto lenkt, immer stößt man auf Spuren friedlicher schwäbischer Unterwanderung zu Nutz und Frommen derer, die noch nichts vom schwäbischen Heil wissen oder womöglich gar nichts wissen wollen.
Wir bummelten durch die Hauptstraße von Tzaneen in der tropisch prächtigen Nordostecke von Transvaal und lasen plötzlich an einem Schaufenster eines Uhren- und Schmuckgeschäfts in großen Lettern den Namen Ickinger. Ein vertrauter Name, an dem wir nicht einfach vorübergehen konnten. Und richtig: Herr Ickinger war aus Öhringen in das bezaubernde ferne Bergland am Rand des Krügerparks gekommen.

Überhaupt schienen die schwäbischen Uhrmacher einander mit einem Südafrika-Trieb angesteckt zu haben. Schon 1958 waren wir in Windhuk zweien davon aus Reutlingen begegnet, und später anderen an beinahe allen Ecken und Enden des Riesenlandes. Zurückgestellt haben sie seine Uhren bestimmt nicht.
Am stärksten vertreten waren die Schwaben und Schwäbinnen jedoch in einer ganz anderen Branche, in der ihr missionarischer Eifer zweifellos nicht schlecht angebracht war: in den vielen christlichen Missionen, die – entgegen den heute gängigen Meinungen – den sogenannten Nichtweißen Südafrikas nicht zu unterschätzende Entwicklungshilfe geleistet haben, mag auch manches verkehrt und mit zwar gut gemeinten, aber doch falschen Zielvorstellungen versehen gewesen sein. Konnten denn so biedere und treuherzige oberschwäbische Abkömmlinge wie die Laupheimer Schwester Irrrg – sie sprach das aus, als ob ihr Name mit mindestens drei Errr geschrieben würde – überhaupt schlechte kapitalistische und imperialistische Hintergedanken haben? Louise Mary hieß sie jetzt mit Vornamen, aber wie sie das herausbrachte, das ließ uns fast sagen: „Ach Schwester, sage se doch glei Luisle." Für derart überflüssige Anspielungen hätte sie allerdings wohl kaum Verständnis gehabt. Die 350 Patienten des Pallotiner-Hospitals Glen Grey bei Queenstown und die hundert auszubildenden schwarzen Krankenpflegerinnen beanspruchten ihren Kopf anderweitig. Aber arg bewegt war des Luisle doch, wie wir überraschend als Landsleute vor ihr standen. Sie repräsentierte halt einen anderen Schlag als die Unterländerin Riele mit ihrer drastischen Begrüßung in Kapstadt.
Wenn aber Louise Mary tatsächlich einmal Zeit für einen Schwatz mit ihren in ockerfarbene Tücher gehüllten und Pfeife qualmenden Xhosa-Schwestern hatte, dann spielten darin weder Politik noch Rassenfragen eine Rolle, sondern eher die Hühnerzucht und Milchwirtschaft im Oberland. Oder bei Schwester Aurelia Haag aus Griesingen bei Ehingen vielleicht sogar der Weinbau im Unterland, denn sie wirkte in einer Mission, die zumindest bei den Weißen Südwestafrikas genau so gut als Wein- und Brandyproduzent wie als Heilsbringer bekannt ist.
Auf dem Gelände der katholischen Mission in Klein-Windhuk existiert in der Tat fast als Kuriosum seit 1927 der einzige nennenswerte Weingarten des dürren, steinigen Landes, immerhin etwa vier Morgen groß und als Drahtanlage hauptsächlich mit Weißriesling und Burgunder bepflanzt. Etwa 70–80 Hektoliter durchaus genießbaren Weins ist die jährliche Ausbeute aus den beiden Sorten. Ebenso fachmännisch wie liebevoll mühte sich Bruder Morgenschweiß mit dem unver-

gleichlichen Tropfen ab, tatkräftig unterstützt von Bruder Steiner aus dem Remstäler Weinbaugebiet. Mit Befriedigung wiesen die beiden Kellermänner vor allem drauf hin, daß ihr „Klein-Windhuker“ – freilich dank einer höheren Macht – schon 124 Öchslegrad erreicht habe. Kein Wunder, daß er uns fast umgeworfen hat, als uns Bruder Morgenschweiß schon morgens um Neun auf nüchternen Magen im Lagerkeller eine nicht kleinliche Probe seines Spitzenerzeugnisses „Riesling Auslese“ kredenzte.

Manche Sorge ihrer Kollegen in Deutschland kennen die Brüder Morgenschweiß und Steiner in ihrer von Orangen-Hainen umgebenen Wein-Oase nicht. Vor allem brauchen sie nicht gegen Krankheiten zu spritzen und nicht um genügend Sonne zu bangen, denn Windhuk soll ja mit 310 Sonnentagen im Jahr einen Weltrekord besitzen. Ihr Wein wird also immer süß genug, und manchmal wäre man in Klein-Windhuk sogar froh, wenn der Zuckergehalt etwas geringer wäre. Erstaunlicherweise besteht dagegen in dem glühendheißen Land ähnlich wie bei uns die Gefahr von Nachtfrösten, denn auch im Südwinter der wüstenhaften Tropen kann das Thermometer nachts auf etliche Grad unter Null sinken. Dann tritt in dem Missionswengert eine Frostschutzanlage nach dem Beregnungsprinzip in Tätigkeit. Durch Vogelfraß gibt es ab und zu auch Schäden, aber ein Wengertschütz' ist deshalb nie eingesetzt worden. Verraten sei noch, daß in Klein-Windhuk ein Weinbrand produziert wird, der im Volksmund schlicht und einfach „der Katholische“ heißt.

Am besten bleiben wir noch kurz beim Wein, denn ein ebenfalls sehr mit Schwaben durchsetzter Berufsstand in Südafrika sind die Weinbau- und Kellereifachleute im herrlichen und traditionsreichen Wein- und Obstparadies des Kaplands. Nicht ohne innere Genugtuung vernahmen wir jedesmal bei unseren Besuchen im Weinzentrum Paarl, daß schwäbische, genauer gesagt Weinsberger Unterstützung vor allem in den Weinkellereien stets hoch geschätzt wird. Vermutlich haben die Spezialisten von der Weibertreu einen größeren Vaterschaftsanteil an Südafrikas besten Weintypen als gemeinhin bei uns bekannt ist. Bei ons schüttlet jô d'Leit scho ogläubig dr Kopf, wenn se bloß was von Wein aus Südafrika höret, obwohl der Kapwein schon von Schubart in seinem berühmten „Kaplied“ gepriesen wurde: „Und trinken auf dem Hoffnungskap wir seinen Götterwein ...“

Es isch ein Jammer, daß es für Wocheendausflüg' nach Stellenbosch, ins prachtvolle Tal von Franschhoek oder ins malerische, von nackten Felsgebirgen eingeschlossene Hex River Valley von Mondelse oder Graußbautmer aus (zu Schriftdeutsch: Mundelsheim und Großbottwar) e bißle z'weit isch. Es gäb' dort nämlich noch mehr zum Staunen:

Die durchschnittliche Traubenernte beläuft sich im Kapland auf rund 600 000 Tonnen. Damit nimmt Südafrika etwa den 13. Platz unter den weinerzeugenden Ländern der Welt ein. Wahrscheinlich existiert am Kap ferner die größte Winzergenossenschaft der Welt, die KWV (Kooperative Wijnbouwers Vereniging van Zuid Afrika) in Paarl. Ihr Weinlager„keller" in der Zentrale galt mit 135 Millionen Liter Fassungsvermögen im Jahr 1965 als der größte aller Länder. Genau genommen handelt es sich gar nicht um einen Keller, sondern um oberirdische Lagerhallen, die wegen ihrer hohen Gewölbe oft als „Weinkathedrale" bezeichnet werden (die natürlichen, gleichmäßigen Temperaturen im Kapland verlangen nicht unbedingt eine Weinlagerung unter der Erde). Die Lagerkapazität der KWV insgesamt erreicht nahezu 230 Millionen Liter, das heißt, daß sich manche deutsche Weinernte komplett dort aufnehmen ließe. Könnt' des net selbst schlagfertige Tübinger Gôge zu ehrfürchtigem Verstumme bringe: „Jetzt sag' i gar nix meh!" Ond 's wär' dann gar nemme verwonderlich, wenn hinter dem alten 22 000-Liter-Faß „Big Billy" die dazugehörende Antwort hervorkäm: „Nô haltsch dei Gosch!"

Doch werden wir wieder kultivierter, wenn's auch schwer fällt. Zum Wein gehören bekanntlich Weib und Gesang, und auch damit kann gedient und gleichzeitig ein weiterer schwäbischer Tupfer an den Leser gebracht werden. Vorsorglich sei jedoch darauf hingewiesen, daß ein Weib auch eine Dame sein kann und Gesang nicht unbedingt im Wirtshaus stattfinden muß.
1961 benutzten wir aus reiner Neugier einmal die alte Straße von Pietermaritzburg nach Durban und entdeckten dabei ein ungewöhnliches, schloßartiges Haus. Naseweiß gilt zwar nicht als fein, aber wenn wir's nicht gewesen wären, hätten wir den Stuttgartern nie die Kunde übermitteln können, daß das auffallende Gebäude einer Dame gehörte, die es selbst entworfen und mitgebaut hatte, nun mit ihrer Familie bewohnte und auf den Namen Martha Arazym-Haape hörte – früher gefeierte Sopranistin an der Stuttgarter Staatsoper. Wenn auch der Name Arazym nicht gerade auf schwäbische Herkunft hindeutet, haben wir die unvergessene Künstlerin in jenem Augenblick doch großzügig als eine der Unseren beschlagnahmt und uns über das unerwartete Wiedersehen wenigstens mit ihrem Haus arg gefreut.

Schtuegerter auf der „Honigfarm“

Mosambik erschien uns lange als eines der unerreichbarsten Länder in Afrika, weil schon seine Straßen, sofern vorhanden, berüchtigt waren. Von Südafrika und Rhodesien her sah jedoch alles nur halb so schlimm aus, wenn man die Sicht auf den Südzipfel um die Haupt- und Hafenstadt Lourenço Marques und auf den nördlicheren Hafen Beira beschränkte. Dorthin rasten an den langen Wochenenden selbst die angeblich geizigen Rand- und Rhodesienschwaben, um für ein paar Tage der sogar von ihnen als nüchtern und puritanisch empfundenen Welt des burischen Südafrikas zu entgehen. Man möge ihnen das aber nicht ankreiden, denn die Buren fuhren ja selbst auch hin. Manche sollen dort sogar ihre geheiligten rassischen Grundsätze in den Armen schwarzer Schönheiten vorübergehend vergessen haben.

Also riskierten auch wir, das portugiesisch-afrikanische Sündenbabel L. M. kennenzulernen. Es hat uns aber mehr wegen seiner lebensfrohen lusitanischen Atmosphäre und seines herrlichen Strandes als wegen des verruchten Nachtlebens gefallen. Außerdem sind wir dort einem leibhaftigen, reizenden Prinzen begegnet, der ganz unmärchenhaft als Konsul die Interessen der Bundesrepublik vertrat. Erwähnung findet er hier aber nicht wegen seines Standes oder Ranges, sondern weil der nichtschwäbische Prinz Solms in seinem fürstlichen Haus gekonnt schwäbische Sprüche klopfte, die nicht einmal wir kannten. Hätten wir net so lachen müssen, nô hätten wir uns schier gschämt, weil er uns noch übertrumpft hat.

Immer wenn wir den in ganz Südafrika aus LM zu hörenden beliebten Sender RCM (Radio Clube de Moçambique) aufgedreht hatten, klang das so exotisch, daß wir glaubten, dort könne es bestimmt keine Schwaben geben. Als wir dann zum ersten Mal mit mißtrauischer Vorsicht in die fremde Stadt hineinfuhren, landeten wir gleich (notgedrungen) bei einem Bosch-Dienst und in den hilfreichen Armen des Werkstattleiters Konrad Werner aus Denkendorf. Seine freundschaftliche Hilfe reichte noch weit über den pflichtgemäßen Zündkerzen-Service hinaus bis in ein typisches Portugiesenlokal, wo er uns mit den sagenhaften piri-piri-gewürzten Langusten, einem prima einheimischen Faßbier und außerdem – wenn zunächst auch nur erzählenderweise – mit Theodor Koch und seiner „Quinta do Mel“, der „Honigfarm“, bekanntmachte.

Die persönliche Bekanntschaft folgte kurz darauf leider am Krankenbett in Kochs

Stadtwohnung. Aber er freute sich so sehr, wieder einmal richtiges Schwäbisch zu hören, daß er überraschend schnell gesundete und uns zu einem Besuch auf seiner Farm mit dem romantischen Namen einlud. Der Weg dorthin durch die stark verbuschte, heiße Küstenniederung war dann weniger romantisch, nämlich schlecht, reizlos und länger als gedacht, weil wir statt 30 Kilometer Luftlinie mehr als das Doppelte um den ganzen Mündungstrichter des Imbuluzi herumfahren mußten. Für Theodor Koch gehörte diese Fahrt mit einem Mercedes-Lieferwagen zweimal wöchentlich hin und zurück zum Arbeitssoll. Auf dem Hinweg nach LM war der Wagen vollgeladen mit Eiern, Butter, Gemüse, Brathähnchen, Truthühnern und Schweinefleisch. Manchmal lag sogar noch selbsterzeugte Holzkohle dabei. Abnehmer waren hauptsächlich größere Direktverbraucher, darunter das berühmte Polana-Hotel.

Koch ist Ende der zwanziger Jahre von Stuttgart nach Mosambik gegangen. Erst 1957 kam ebenfalls aus Stuttgart Frau Ruth dazu, die inzwischen schon eine richtige tüchtige Farmersfrau geworden war. Unter schattenspendenden Bäumen zwischen sauberen, leuchtend weißen Gebäuden und einem großen Blumengarten machten wir unser Schwätzle. Dabei ließen sich die beiden Gastgeber von uns Fachsimpeln bis zu den letzten wirtschaftlichen und politischen Kleinigkeiten ausquetschen und waren trotzdem noch so nett, uns zwischendurch gepfeffert scharfe, zarte Piri-piri-Hähnchen zu servieren.

Koch hatte schon zweimal seinen Besitz verloren. Quinta do Mel war die dritte Farm, die er in seinem Leben mit viel Fleiß, Geschick und erstaunlichem Tempo aufgebaut hatte. Als er das 1300 Hektar große Gut kaufte, gab es darauf außer einem primitiven Häuslein nichts als feindlichen Busch. 1961 stand dort eine vorbildliche Hühnerfarm mit viertausend prächtigen Hühnern als Eier- und Fleischlieferanten. Die Tiere anzusehen war eine Augenweide, vor allem, wenn wir an die gequälten, armseligen Käfighühner dachten, die es 1960 in Südafrika schon gab, also zu einer Zeit, als man in Deutschland dieses Wort wahrscheinlich noch nicht einmal vom Hörensagen kannte. Wir fragten uns aber auch, warum die Eingeborenen statt ihrer mickrigen Kreaturen nicht ebenfalls solche Mustertiere hatten.

150 Milchkühe weideten auf der noch längst nicht voll ausgenützten Farm. Außerdem wurde laufend eine größere Zahl von Schweinen aufgezogen sowie allerlei Gemüse angebaut, auf einem Land, von dem man vielfach glaubte und glaubt, es könne überhaupt nichts hergeben.

Erinnerungen an die alte Heimat stellten sich bei einem solchen Schwätzle

zwangsläufig ein. Theodor Koch kramte beinahe unübersetzbare Dialektausdrücke hervor, die er sonst nie anbringen oder hören konnte. Wer hätte auch in dieser fiebrigen Küstenzone fir des Gschichtle von dem alte Bruddler Verständnis han solle, den daube Huetsembel, den iberzwärche, der selbichsmôl e Gaigele gmacht hôt, weil 'r zerscht net nôre gange isch ond nô grast isch wia Dackel. Nôchher hôt er sich en seim Karre ganz schäbs an'ere Bescheng wiedergfonde. Jedefall hôt 'r so gauselt vor lauter Angscht, drhoim dädet seine brägelte Schpätzle kalt werde ond er dät womöglich nix meh von dem Schodohle kriage, uff des 'r emmer so scharf war. Des hätt'm nemlich arg and do. Koi Wonder, der glenzt wia gschmelzt, trotz dere Schendmerre, dem Ripp, wo 'r drhoim hôt – jetzt gucket nô no dô na, wo der no nâ gôht ... (bleibt für reinrassige Schwaben als Qualifikationstest, für Nichtschwaben als Prüfungsstoff für Basis-Schwäbisch unübersetzt).
Wehmütig entwickelte sich die Stimmung, als Koch von seinem alten Vater in der Salacher Straße in Stuttgart-Wangen und von den alten Freunden aus der längst vergangenen Schulzeit erzählte, vom Trikotwarenfabrikanten Kimmig in Dettenhausen auf den Fildern, vom Apotheker Fritz Haag in der Stuttgarter Hirsch-Apotheke – „gell, dô ganget Se emôl nâ?"
Dann kam unvermeidlich die Frage nach der ungewissen Zukunft für die Weißen und der verbitterte Vorwurf, warum zuhause in Deutschland die Farmer in Afrika nur noch zu habgierigen Eindringlingen und Ausbeutern verzerrt würden. An Arbeit und Schweiß, Nöte und Entbehrungen denke niemand mehr. Die Stimmung war gedrückt, und die Alarmmeldungen aus Angola taten ein übriges dazu.
Als diese Zeilen geschrieben wurden, war Mosambik schon ein „freier" Staat geworden und manche der einstigen bangen Fragen hatte eine traurige Antwort gefunden. Wir wissen nicht, was aus den Kochs und der „Honigfarm" geworden ist, wir können uns nur denken, daß dort nicht mehr so schnell Milch und Honig fließen werden.

Mister Miskien aus Weinsberg

„Paula, Deine Lense verbrennet!" dröhnte es mit Stentorstimme aus dem Haus. „Nô kriagt's dr Kaiser Wilhelm", antwortete aus dem Garten unerschütterlich eine sanfte Frauenstimme.
Dieses Zwiegespräch stammt nicht aus dem Weinsberger Tal im Jahr 1890, son-

dern gibt eine Szene von der Farm Otjenga in Südwestafrika im Jahr 1960 wieder. Personen der Handlung waren der alte Viehfarmer Hermann Bräuninger aus Weinsberg, seine Frau Paula, die also nicht zwischen Krautköpfen unter einem Birnbaum saß, sondern unter herrlichen Kasuarinen und lila blühenden Tamarisken mit der Flasche ein Karakullamm fütterte, sowie – wenn auch in Abwesenheit – der schwarze Oberboy, der aus nicht mehr feststellbaren Gründen „Kaiser Wilhelm" gerufen wurde. Zivilisatorisch waren dagegen die Verhältnisse beinahe mittelalterlich, ohne fließendes Wasser, ohne Radio, ohne Telefon, ohne Strom, dafür aber mit Petroleumfunzeln, Holzfeuer und warmem Bier.

Der alte Bräuninger war ein unverwüstlicher und nicht gerade zimperlicher „Südwester". Den Namen „Mr. Miskien" erhielt er von uns, weil sein zweites Wort das afrikaanse „miskien" (vielleicht) war – dô sieht mr's emôl wieder: wir Schwaben sind uns halt, im Gegensatz zu anderen, unserer Sache nie ganz sicher, au wenn wir ons no so halssterch gebärden...

Bei unserem Besuch war Hermann Bräuninger etwas brummig, aber das war kein Wunder, denn er litt noch an den Folgen einer ungleichen Auseinandersetzung, die er mit einem nicht weniger dickschädeligen wild gewordenen Bullen auszustehen hatte. Er war zu Boden geworfen und bis zur Bewußtlosigkeit mit den Hörnern traktiert worden. Im letzten Moment gelang es Frau Bräuninger, das tobende Tier abzulenken, aber acht Wochen lang mußte der rastlose Schaffer im Bett liegen, die Brust völlig schwarz von geronnenem Blut und fast auf den doppelten Umfang angeschwollen. Nur wenige Wochen vor diesem Vorkommnis war Bräuninger, nach seinen eigenen Worten, „vier Meter hoch rückwärts vom Wendmotor raghagelt".

Bald lachte er sich aber wieder halb tot, als er uns nämlich unter dem Siegel der Verschwiegenheit erzählte, daß es manche Weiße mit der Apartheid nicht so genau nähmen, wenn es um hübsche schwarze Mädchen gehe. Für diese inkonsequenten Landsleute und Lustmolche hatte er einen köstlichen Vergleich mit den in Südwestafrika in Erdhöhlen lebenden Erdhörnchen, auch Erdmännchen genannt, parat: „mit erhobenem Schwanz von Loch zu Loch..."

Bräuninger war ein „Diftele", also ein Tüftler, und zwar einer „wie'r em Buch schteht". Das Glanzstück seiner 3500 Hektar, 500 Stück Vieh, 180 Karakulschafe, etliche Weinstöcke, einige Schwarze, eine Frau und einen klapprigen Transporter umfassenden Farm war eine Warmwasseranlage, die durch Sonnenwärme betrieben wurde. Längst ehe die Israelis und später die Südafrikaner, Amerikaner u. a.

auf diese Idee kamen, hatte Otjenga schon als einzigen Luxus stets heißes Sonnenwasser, und das auch noch – was eines Schwaben Herz höher schlagen lassen muß – kostenlos! Die einfach zusammengenagelte Anlage bestand aus einem nach Norden schauenden Kasten (gewiß, nach Norden, weil wir südlich des Äquators waren), und durch diesen Kasten lief eine mit einer Glasscheibe bedeckte Rohrschlange. Die Bastelei funktionierte so prima, daß wir uns beim Duschen fast verbrühten. Dabei hätten wir in diesem Glutofen ja viel lieber kaltes Wasser gehabt.
Zu den Abschiedsworten von Mr. Miskien gehörte: „Miskien kommet 'r emôl wieder, dann gibt's miskien sogar e kalt's Bier – gell, kommet nomôl, wenn's au weit isch!" – Miskien . . .

Schwarze Schafe

Wir erlebten unterwegs die überraschendste, die schönste, die originellste und die angenehmste Begegnung, aber auch die enttäuschendste, häßlichste. Das passierte uns ausgerechnet in Südwestafrika, wo wir uns der vielen netten und hilfsbereiten Deutschen und Schwaben wegen stets wie zuhause fühlten. Wir hätten es nie für möglich gehalten, daß es dort nicht nur nützliche schwarze Schafe in Form von Karakuls gab, sondern auch solche, die als unbelehrbare Menschen für dieses politisch so umstrittene und problembeladene Territorium eine schwere Belastung darstellten. Sie nützten ihrer angeblich heißgeliebten afrikanischen Heimat nicht nur nichts, sondern fügten ihr und dem Bild der Weißen und Deutschen dort im Gegenteil schweren moralischen und politischen Schaden zu, der erst heute voll sichtbar wird und kaum mehr reparabel ist.
Da auch Schwaben nur Menschen sind, blieb uns nicht erspart, sie ebenfalls unter den schwarzen Schafen zu finden. Gerade hatten wir noch im Vorbeifahren zu einem Original aus der Gmünder Gegend hineingeschaut, das zwar statt eines Hohenstaufen einen Elefantenberg sein eigen nannte, aber sonst den alten heimischen Sitten recht treu geblieben war. Im Auto rekapitulierten wir seine trockenen Bemerkungen, da überholte uns staubend und steinespritzend eine kleine Lorry und hielt uns an. Als wir Schwäbisch hörten, hellten sich unsere Mienen sofort auf – aber diesmal wollte uns niemand wohl. Schon nach den ersten Worten des Unbekannten standen wir wie erstarrt. Offenbar hatte er schon lange auf

diese Gelegenheit gewartet, den „Bundesscheißern“ endlich einmal die Leviten verlesen und seinen unbegreiflichen Zorn an ihnen austoben zu können. Stellvertretend waren wir zum Opfer eines verbohrten Radikalinskis geworden.
„Wer hat denn euch hierher bschtellt?!“ herrschte er uns als Willkommensgruß an. „Bleibet doch ihr in eurem Nachtwächterstaat! Von euch welle mr hier überhaupt nix seh!“ So setzte er seine Schimpfkanonade unaufhaltsam fort. „Am beschte wär's, d'Russe dädet euch glei kassiere, ihr sen jô sowieso koin Schuß Pulver meh wert! Ond eure Ware au nemme, die könnet 'r euch en Arsch stecke!“ Dann wandte er sich anderen Opfern zu: „Der Adenauer isch doch e Verbrecher, der Separatist. Ond seine ganze Lakaie, des sen doch lauter Lompe!“ Schließlich gipfelte sein Haßausbruch in dem Fazit: „Dr Hitler mueß wieder her! Den bet' i heit no â, ond eh die Pfaffe ihren Christus, den Jude, en dr Kirch' net ronderhänget ond dr Hitler uffhänget, vorher geh' i nemme nei!“
Ein paar Mal hatten wir noch versucht, mit dem Mann zu reden. Aber da war nichts zu machen. Bei seinen letzten Bemerkungen wurde es uns zu bunt und zu dumm, wir setzten uns in unseren Wagen und fuhren weg. Zum Überholen kam er nicht mehr und als Gegenleistung mußte er nun eine Weile unseren Dreck schlucken. Das wirkte wie ein Trostpflästerchen, nur hielt es leider nicht lange, denn wenig später mußten wir die Bekanntschaft eines anderen Nazikriegers machen, der sich auch noch zur Intelligenz rechnete. Was er sich an Beleidigungen und Beschimpfungen der Schwarzen, der Bundesrepublik und ihrer Politiker leistete, das tat schon weh. Da milderte selbst die Tatsache nichts mehr, daß derartige schwarze Schafe wenigstens nicht herdenweise wie die Karakuls herumblökten. Zuletzt hat es der saubere Fanatiker mit Äußerungen wie „Erhard, das fette Schwein“, „Brand, der versoffene Gangster“ und „die Schwarzen sind doch zweibeinige Tiere“ noch fertiggebracht, daß eine schöne Freundschaft in die Brüche ging. Denn von schwäbischen Freunden – sie hatten alles mitangehört – hätten wir nicht erwartet, daß sie ins gleiche Horn stoßen würden. Wenn sie wenigstens geschwiegen hätten –.

Ende im Slum

Die meisten der Schwaben, die wir in Afrika trafen, gehörten selbstverständlich in die Gruppe der harten Schaffer. Manche gingen sogar so sehr in ihrer Arbeit auf,

Der Honig der „Honigfarm" waren frische Eier und zarte Hähnchen, die Theodor Koch für das süße Leben nach Lourenço Marques lieferte.

Mister und Missis Miskien mit Karakul-Flaschenkindern.

Mit Eith junior konnte man per Landrover sogar ohne Weg und Steg hoch hinaus.

Die Mitentdecker von Schwäbisch Afrika, von links nach rechts:

Alleskönner Rudi aus Kochendorf, dem VW untreu geworden. (1. Reise 1957/58)

VW-Spezialist Werner aus Gemmrigheim a. N., in den Anstoß erregenden Shorts. (2. Reise 1960/61)

Bernd, Muster an Ausdauer von Neustadt im Schwarzwald, probiert das „Ovambo-Klavier". (5. Reise 1969)

Der gute alte VW-Käfer, von Geburt immerhin au e bißle schwäbisch, maßgeschneidert vom VW-Schneider in Kirchheim/N.

Weil man bei uns halt net so leicht „danke" sagt, werden sie als stets gute und hilfreiche Gefährten hier wenigstens im Bild vorgezeigt.

daß sie nach zwanzig Jahren von dem Land, in dem sie lebten, immer noch nicht viel mehr wußten, als wie es heißt. Reich, glücklich und zufrieden sind trotzdem längst nicht alle geworden.
Heute noch denken wir mit Erschütterung an den netten alten Herrn zurück, der uns eine westafrikanische Hauptstadt zeigte. 35 Jahre lebte er schon in diesem Land, von dem es für ihn kein Zurück mehr gab. Als wir ihn nachmittags in unserem Wagen nach Hause bringen wollten, lehnte er zuerst ab. Dann standen ihm plötzlich Tränen in den Augen und er sagte: „Meinetwegen, aber Sie werden sehr enttäuscht sein." Warum, das begriffen wir schnell. Wir verließen die Geschäftsstadt und schlugen eine Richtung ein, in die Europäer normalerweise nicht fuhren. Die Straße bestand nur noch aus Staub, Steinen, Löchern und Abwasserpfützen. Bald zwängten wir uns durch ein riesiges Labyrinth von Blechhütten und Gossen, in einem entsetzlichen Gemisch von Armut, Dreck und Gestank. Wir konnten es kaum fassen, daß unser Landsmann hier, in einer der berüchtigten, grausigen Elendsstädte „wohnen" sollte.
Er stieg aus und bat uns, noch auf einen Schluck Orange Squash ins „Haus" zu kommen. Verlegen und betreten folgten wir und atmeten auf, als es drin doch viel manierlicher aussah, als zu vermuten war. Schwarze Frauen und Mischlingskinder gingen aus und ein – alle schienen irgendwie zur Familie zu gehören. Dann erzählte unser Begleiter. Es war eine bedrückende Lebensbeichte, die wir ungewollt mitanhören mußten und die ihn offensichtlich erleichtert hat. „Ich muß mich vor euch schämen", schloß er seine lange Anklage gegen sich und die Welt, „aber vielleicht seid ihr die letzten von der alten Heimat, mit denen ich offen sprechen konnte."
Ein Ende im Slum – doch wer wollte deshalb den freundlichen und sympathischen alten Landsmann verachten? Wie benommen suchten wir wieder aus der Bidonville hinaus, und nach einem Weg, wie man ihm helfen könne. Jetzt schämten wir uns, gleich zweimal. Weil wir uns von ihm ein Bier hatten bezahlen lassen, und weil uns erst jetzt, weil ein Weißer, ein Mitschwabe in der Wellblechstadt hauste, bewußt wurde, daß dort auch die Schwarzen nicht glücklich sein konnten.
Was wir erlebt hatten, war gewiß ein Einzelfall, aber auch hinter den erfolgreichen oder erfolgreich scheinenden Fällen steckten oft schwere Schicksale, harte Entbehrungen, Kämpfe und Sorgen, Enttäuschungen, Bitternis und Tragik. Afrika ist groß und schön, doch es ist auch so hart, daß sogar ein zäher Schwabe daran scheitern kann. Für manchen gab es nach dem Schiffbruch einfach deshalb keine

Rückkehr mehr, weil er nicht als armer, gebrochener Mann wieder in der alten Heimat auftauchen wollte. Oder weil er es nicht fertigbrachte, sich die Mittel dafür zu erbetteln.
Andererseits haben wir oft Vergleiche mit unserer Welt des Tempos, des Streß, der falschen Lebensqualität und der Unfähigkeit, lebenswert zu leben, gezogen und uns gefragt, wer denn nun trotz aller afrikanischen Widrigkeiten, Nöte und Mißerfolge unter dem Strich wirklich besser dran sei.
So sind denn auch etliche draußen zu der Erkenntnis gekommen, daß man eben nicht alles zugleich haben kann. Sie sind die wahrhaft Glücklichen, auch ohne mitteleuropäische Zivilisation und Kultur, denn sie sind mit der so ganz andersartigen, ursprünglichen afrikanischen Welt eins geworden.

Von Fall zu Fall ins Café Eith

Um 1961 in Salisbury das inzwischen von Windhuk dorthin verlegte Café Eith wiederzufinden, das war ein Fall für sich. Aber das mußte wohl so sein, denn auf unserer ganzen damaligen Rhodesien-Tour reihte sich ein Spezialfall an den andern. Der erste war gleich so groß, daß er nur im Plural gebührend ausgedrückt werden kann: die Viktoria-Fälle des Sambesi. Leider führte der Strom so viel Wasser, daß wir den „donnernden Rauch" zwar donnern hören, die Fälle selbst jedoch vor lauter „Rauch" kaum sehen konnten. Natürlich sind die „Rauchwolken", die sich schon viele Kilometer vor dem Ziel über der unübersehbaren Busch-Ebene zeigen, gar kein Rauch, sondern mächtige Gischtfontänen. Sie steigen bei Hochwasser ununterbrochen aus der engen, quer zum Flußbett verlaufenden Schlucht hoch, in die sich der fast zwei Kilometer breite Sambesi tosend 110 Meter tief hinunterstürzt. Als ewiger Sprühregen bis Wolkenbruch – je nach Abstand zu dem kochenden Schlund – fällt der Gischt wieder vom blauen Himmel nieder. Wir können nur bestätigen, daß „die Mitnahme eines Regenmantels empfehlenswert" ist (Reiseführer), möchten allerdings zu bedenken geben, ob bei den zur Hochwasserzeit herrschenden Hochtemperaturen nicht eine Badehose angemessener wäre.
In gewisser Hinsicht war also der Sambesi-Fall für uns ein Rein-Fall. Werner fühlte sich jedoch davon bei seiner ziemlich nihilistischen Einstellung Naturwundern gegenüber nicht sonderlich betroffen und meinte entsprechend gelassen,

es gäb' ja auch noch dr Uracher Wasserfall. Ond außerdem hätte 'mr scho ix Wasserfäll' gseh, des sei doch emmer 's gleiche. Viel lieber wär' ihm, mr dädet endlich den Eith fende ond emôl wieder ebbes Aschtändigs en Mage kriage.
Zuvor gab's aber für den Magen noch einen extra Reinfall, bei dem eine „Kalbsleberwurst" die Hauptrolle spielte. Gekauft hatten wir diese in einem Supermarkt in Salisbury, ehe wir zwischendurch an den Indischen Ozean nach Beira fuhren. Unterwegs gaben wir uns alle erdenkliche Mühe, sie unter einem der Vordersitze vor der Verflüssigung zu bewahren. Dann war es endlich so weit, daß die Wurst, die uns freilich schon in der Kühltruhe komisch vorgekommen war, im Schatten unseres Rondavels am Meer ihrer Bestimmung zugeführt werden sollte. Wir schnitten sie auf, sie ließ sich prächtig streichen, sah allerdings ungewöhnlich hell aus und duftete auffallend süßlich. Da in Afrika jedoch schon manches Gewohnte ungewohnt ausgesehen und geschmeckt hatte, bissen wir genüßlich hinein. In der nächsten Sekunde verzogen wir entsetzt das Gesicht und spuckten alles wieder aus. Unsere vermeintliche Kalbsleberwurst, in unserer einheimischen Wurstrangliste immer ganz oben, war nichts anderes als – Biskuitteig!
Werner strebte blitzartig der nahen Wasserstelle zu. Aber „o je, vielleicht isch des gar koi Trenkwasser", rief er nun übervorsichtig zurück, „guck emôl, dô schteht was druff – aqui è Portugal." – „Ha Werner", frotzelte ich ihn, „Du hasch doch emmer gsagt, Portugiesisch sei beinôh wie Schwäbisch, ond jetzt isch's scho aus mit Deiner Phantasie." – „Hasch Du e Ahnung", konterte er, „wahrscheinlich hängt aqui mit aqua zamme – vielleicht isch's Wasser aus Portugal – pomp no emôl!"
In diesem Augenblick kam hinter uns ein Moped angeknattert. Es war ein weißer Strandaufseher, der sich sogleich stolz vor der Zapfstelle aufbaute und mehrfach mit melodischer Theatralik wiederholte: „Aqui è Portugal – aqui è Portugal!" „Was glaubsch, was der sagt", machte ich Werner neugierig. „Was denn?", wollte er mißtrauisch, einen neuen Reinfall befürchtend, wissen, „kommt dô womöglich no Benzin raus?" – „Noi, viel oifacher", klärte ich ihn auf, „hier ist Portugal – hättsch des glaubt?" – „Noi, ganz gwiß net", gab Werner zu und fuhr fort: „Aber guck, der Gsell hat jô e Kreidler-Florett!" Jetzt war ihm plötzlich die Wurst ebenso Wurst wie politische Parolen. „Laß mi emôl e paar Ronde drehe, schön durch dr Sand", sprach er den „Gsell" gänzlich unkompliziert an. Und siehe, es klappte wieder mit der schwäbisch-portugiesischen Sprachparallelität. Als die Runden mit dem Kornwestheimer Motorrädle gedreht waren, ließ er den üblichen knappen Kom-

mentar falle: „Dô weisch halt, was hasch – des kâ 'mr net emmer sage ..."
Wen wundert's noch, daß wir sogar einen Überfall zu überstehen hatten, ehe wir endlich das Café Eith betreten konnten. Gott sei Dank passierte er nicht in der später ausbrechenden grausamen Form. Wir wollten am Lundi River übernachten, fanden jedoch, da es schon Nacht war, keinen geeigneten Zeltplatz mehr. Wir bauten also, wie so oft, den „Käfer" zum Schlafen um. Kaum war dies beendet, hörten wir aus den umgebenden Büschen ein bedrohliches Schnauben und Grunzen, das uns in höchste Aufregung versetzte, zumal wir schon die ersten großen schwarzen Schatten auf uns zukommen sahen.
Wahrscheinlich waren wir noch nie so schnell im Auto verschwunden wie in diesem drohenden Augenblick. Zündschlüssel rein und weg war eins. Es ist nur ein Jammer, daß es von dieser Hals-über-Kopf-Flucht auf einem elenden, ausgewaschenen Sträßchen durch die finstere Nacht kein Filmdokument gibt. Werner hockte auf einer abgenommenen Rückenlehne, die auf dem Fahrersitz lag, und versuchte, zwischen der aufgeblasenen Luftmatratze und einem Berg von Gepäck hindurch mit den Füßen an die Pedale zu kommen. Neben ihm hielt jemand halb liegend, halb sitzend zwischen Koffern, Kisten und Schlafsäcken krampfhaft das halbfertige Nachtessen in den Händen und versuchte vergeblich, die gute klare Rindfleischsuppe von Knorr zu retten.
Am andern Morgen fuhren wir bei der Sonne, die es an den Tag bringt, wieder zurück. Weit und breit war nichts Gefährliches zu entdecken, nur friedliche Flußpferde lugten amüsiert – wie uns schien – aus dem Wasser. Waren wir etwa vor denen abgehauen? Den Spuren nach schon, aber in der Nacht hatten halt die Schemen beängstigend kolossal und gefährlich gewirkt, dazu die kreischenden Affen und das urwaldartige Ufergestrüpp ohne rechten Weg und Steg – dahinter hätten ja auch Elefanten oder wenigstens Nashörner verborgen sein können. Und wer weiß, ob nicht die Hippos unseren „Käfer" mit ihresgleichen verwechselt hätten und mit ihm baden gegangen wären. Nein, da hielten wir's lieber mit den sieben Schwaben: VWle geh' du voran! Schließlich isch e „See-K u h" was anders als e „See-H a s".
Nach dieser Reinfallfolge mußte ja endlich der Glücksfall kommen, daß wir in Salisbury unsere Freunde von Windhuk doch noch wiederfanden. Vergeblich hatten wir schon dutzendmal nach einem Café Eith gefragt, da liefen wir Frau Burger und ihrer aus Tuttlingen zu Besuch weilenden Mutter in die Hände. Kurz darauf waren wir am Ziel.

„Hei ja, Eith kennt nadierlich hier kâ Mensch, die Engländer saget halt ‚Ihss'", klärte uns unser Heilbronner Gönner aus Windhuk auf, „aber fir eich ben i emmer no dr Eith". Mein Gott, war das vor drei Jahren ein Abschied gewesen! Obwohl unsere Bekanntschaft kaum zwei Tage alt war, hatten uns die Eiths, die nahe der Kaiserstraße bei der Hauptpost ein gut gehendes Frühstückscafé betrieben, sehr ins Herz geschlossen. Nicht genug, daß sie uns in ihrem Lokal verwöhnten, als wir weiterfuhren, überhäuften sie uns auch noch mit Reiseproviant und hatten extra dafür schon in aller Frühe einen Hefezopf gebacken. Sie schleppten alles greifbare Gebäck herbei, süß und salzig, Würstchen im Blätterteig für drei Tage, Pasteten, Dosenmilch und Dosenobst, frische Zwetschgen vom Kap, zwei Büschel Bananen, einige Flaschen Bier und Squash, Lucky Strike für Rudi, Schokolade für mich, Kaugummi – für die Gäste dieses Morgens kann die Auswahl nicht mehr arg groß gewesen sein. Dann schaute der tüchtige Bäcker und Konditor nochmals suchend und prüfend über Theken, Tische und Regale, griff noch nach einer riesigen Melone und anschließend in seine Tasche, aus der er einige Sonderprägungen von Fünf-Schilling-Münzen zum 300jährigen Bestehen Südafrikas für uns hervorkramte. Wir kamen uns vor wie in einem Lieferwagen und brachten völlig gerührt nur ein verlegenes „danke" heraus.
Kaum saßen wir uns in Salisbury in dem gemütlichen Lokal im Stadtzentrum wieder gegenüber, stand schon ein Schnitzel „wia e Abortdeckel" vor uns. Wir waren selig, daß es mal wieder etwas Vernünftiges zum Essen gab, und die alten Eiths waren selig, etwas von dr Heilbronner Kaiserstraße rund um die Kilianskirch' zu hören. Sohn Walter kutschierte uns trotz seiner neuesten zusätzlichen Pflichten als Ehemann und Vater in seinem Landrover in Gegenden, in die nicht einmal ein tausendfüßiger „Käfer" hätte krabbeln können.
Am Ende der Fallperiode lag die Life-Zigarettenfabrik, wo uns völlig überraschend eine Ladung Beruhigungsmittel für die weiteren Strapazen überreicht wurde. Ob das nach so viel Wasser-, Rein-, Über- und Glücksfällen noch Zufall war? Oder vielleicht Eithsche Regie?

Abschied für immer

Diese Bilder aus Schwäbisch Afrika sind nicht nur Erinnerung, sie sind zugleich wehmütiger Abschied von einem winzigen Stückchen Afrika, das jeder, der es gekannt hat, schmerzlich vermissen wird. In diesen Tagen geht die Befreiung des Kontinents ohne viel Rücksicht auf Sentimentalitäten auch darüber vollends hinweg, mag die schwäbische Abart des Kolonialismus noch so liebens- und achtenswert gewesen sein. Vielleicht, daß in Süd- und Südwestafrika e Zipfele davon erhalten werden kann.
So ist dieses Buch unbeabsichtigt zu einem Abgesang auf Schwäbisch Afrika in seiner bisherigen Form geworden, zu einem letzten Gruß an das freie, unternehmerische Farmer- und Pflanzertum der Weißen in Schwarzafrika und damit für spätere Generationen zu einem Zeugnis für ein Kapitel Geschichte, das nicht einfach der Vergessenheit anheimfallen sollte. Es möchte daran erinnern und mahnen, daß Kolonialismus und Weiß nicht bloß pauschal als schlecht und verdammenswert verurteilt werden dürfen. Vielfach war damit mehr Menschlichkeit verbunden, als wir hier und heute untereinander üben . . .
Falls gelegentlich der Eindruck entstanden sein sollte, Afrika sei so schwäbisch geworden, daß mr als Schwôb glei drhoim bleibe könnt', sei darauf verwiesen, daß Afrika arg groß ist – „Narr", hat em alte Geisinge emôl oine gsait, „des isch millionisch grauß, so grauß wia ganz Wirtteberg!" Außerdem soll es Afrikareisende geben, die versichern, sie hätten von Schwäbisch Afrika überhaupt nix gmerkt. Dô isch 's oine so krottefalsch wie 's andere. Afrika isch zwar e bißle größer als 's Rems- und Murrtal zamme, andererseits fällt halt der Schwabe net gern auf. Er versteckt sich lieber, was ja grad in Afrika net schwerfällt. Verwunderlich isch's also net, wenn Reisende ohne ebbes Entdeckernatur Schwäbisch Afrika glatt übersehen.
Sollten gar etliche zu der arg abwegigen Meinung gelangt sein, wir würden uns fürs auserwählte Volk halten und glauben, nur am schwäbischen Wesen könne die Welt genesen, so wollen wir ihnen am Schluß noch mit drei ebenso treffenden wie ernüchternden Geständnissen schonungslos und ungeschminkt enthüllen, daß wir auch bloß Menschen sind ond net lauter kleine Zeppeline und Maybächle, Hölderlinle und Hegele, Schubärtle und Sträußle (bitte, es gibt net bloß den F. J.!).

Enthüllung Nr. 1: Vor zwanzig Jahren war ein Blick in die schwindelerregenden, gigantischen Abgründe des Fish River Canyons noch nicht so leicht zu realisieren wie heute. Es führte nämlich nichts hin, was man eine Straße hätte nennen können. Um die berühmte Sehenswürdigkeit Südwestafrikas, den zweitgrößten Canyon auf der Erde nach dem Grand Canyon, erleben zu können, mußten wir uns stundenlang über eine katastrophale steinige Fahrrinne vorwärtsquälen, im Schweiße unseres Angesichts Felsbrocken vor dem VW wegwuchten, Löcher mit Steinen auffüllen und mit dem Wagenheber das aufgesessene Fahrzeug wieder flott machen. Dann standen wir endlich vor dem schwer erkämpften 600 Meter tiefen Weltwunder, einem Schlund, der uns beinahe verschlungen hätte. Gerade noch rechtzeitig bewahrte uns davor ein einsames, halbverrostetes Stop-Schild, das korrekte Verkehrsbeamte wahrscheinlich schon bald nach der Erfindung des Autos in dieser Steinwildnis unmittelbar am Rand des Abgrunds aufgepflanzt hatten. So konnten wir doch noch, anstelle eines Segelflugs per VW in die gähnende Tiefe, atemlos vor Staunen den ersehnten Blick in die Jahrmillionen alte zyklopische Tallandschaft werfen. Aber die Überwältigung dauerte nicht lange. Wo manche Leute, die extra von Paris oder London kommen, stunden- und tagelang verweilen und sich nicht sattwundern können, brummte nach nicht viel mehr als zwei Minuten Werner unwillig: „Ja wie, hasch no net gnueg – komm', mr fahret wieder zrück!" Frauen und Steaks überwältigten ihn halt leichter als Weltwunder, mögen sie auch noch so eindrucksvoll sein. – So materiell sen mr nô eventuell au wieder.

Enthüllung Nr. 2: Glauben Sie bloß nicht, wir hätten unterwegs fortgesetzt wissenschaftlich gearbeitet, die Vegetation zerklaubt und die Menschen studiert, Kakaopflanzungen und Sägewerke besichtigt, politische Situationen analysiert, tiefsinnige Gespräche mit Ministern und Botschaftern geführt und neue Eisenbahnlinien aufgenommen. Manchmal vollzogen sich im Innern des Volkswagens sehr volksnahe Zwiegespräche, die der draußen vorbeiziehenden Landschaft oder Ethnologie nicht das geringste Interesse zollten, es sei denn, daß zufällig unser „loses" Gesprächsthema und ein uns ausweichender vollbusiger Gegenstand dieser Ethnologie zusammenfielen (in der Praxis war es ja 1957 noch nicht so selbstverständlich, daß sich Schwarz und Weiß hautnah nahe kamen). Aber auch andere Verzichtleistungen gaben immer wieder Anlaß zu ungebildeten Phantasien, die nur der nachempfinden kann, der selbst schon afrikanische Staub- und

Durstperioden durchgestanden hat. Ein solches Wechselgespräch in der rollenden Sauna hörte sich etwa so an: „Du, weisch, was i jetzt gern möcht? Bloß e Schüssel voll Kopfsalat!" – „Au ja, mit gröschte Ebire"; (geröstete Erdbirnen, auch Kartoffeln genannt) – „Ond en backene Leberkäs" – „E Brieslesupp' vorher wär' au net übel" – „Ond dann e frischs Weizebier drzue" – „E rechter Kartoffelsalat ond e Pärle Brôtwürscht dät mr au emôl wieder guet" – „Ja, ond hentedrei e gscheiter Kaffee mit eme Schtück Himbeertorte mit Sahne ond –" – „Mensch, jetzt hör' bloß uff, dô wirsch jô verrückt, wie sollet oim denn da die ewige grüne Banane ond des Beutelteegsöff no schmecke?" – „Recht hasch, emmer bloß Ovomaltine, Pâte de foie, Bohne ond Tomate, dô wirsch jô zom Asket – des weiß i gwiß, wenn i wieder drhoim ben, nô will i e halbs Jôhr lang älles bloß koin Zwieback, koine Ölsardine ond koine Tomatespaghetti meh säh, nô misset vierzehn Tag' lang nix als Ripple, Schnitzel ond Spätzle uff dr Tisch!"
So profan ging es mitunter hinter der Expeditionsfassade zu. Bloß weil mr emmer des will, was mr grad net hat, obwohl mr's oft net aguckt, wenn mr's hat ...

Enthüllung Nr. 3: Am Ende unserer ersten Reise im Juli 1958 überholte uns in der Schweiz ein Auto mit Ludwigsburger Nummer und hielt uns an. Die Insassen gaben sich als Möglinger zu erkennen, die sichtlich glücklich über die Möglichkeit waren, so weit weg von daheim schwäbisch schwätze zu könne. Mit spürbarer Genugtuung erzählten sie uns, daß sie jetzt schon über 800 Kilometer zurückgelegt hätten, aber mehr noch plagte sie die Neugier, was die Bemalung unseres „Käfers" und die Aufschrift „Stuttgart – Kapstadt und retour" zu bedeuten habe. Angesichts der 800 Kilometer unserer neuen Freunde konnten wir uns bei der Aufklärung die Bemerkung nicht verkneifen, wir hätten scho e Schtückle mehr hinter uns, nämlich 42 000 Kilometer. Worauf der Mann triumphierend zu seiner staunenden Familie ausrief: „Han i net glei gsagt, des Kapschtadt kann net en Italie sei!" — O Heimatland ade!

Des isch jô e schener Mißausklang, wird mancher stolze Landsmann jetzt geknickt vor sich nâ bruddle. Aber so ehrlich und rücksichtsvoll sen mr nô au wieder. Außerdem gibt's so viele schöne Möglichkeiten, schnell wieder zur Harmonie zu kommen. Damals, nach der enttäuschenden landsmannschaftlichen Abschlußbegegnung in der Schweiz, saßen wir wenige Stunden später in Ulm mit Freun-

den bei Weizenbier und Ochsenmaulsalat in den „Drei Kannen“, und schon war die leicht aus den Fugen geratene schwäbische Welt wieder in Ordnung.
Z'allerletscht hen mr aber noch en andern Trost auf Lager. Vielleicht wird nämlich Schwäbisch Afrika gar nicht sterben, sondern in abgewandelter Form weiterleben. Wie diese Form aussieht, zeichnet sich schon deutlich ab: in mancherlei Hinsicht kaum anders als bisher, denn auch wer „nur“ als schwäbischer Entwicklungshelfer vorübergehend in Afrika lebt, verzichtet dort garantiert au net auf Spätzle im Wüstensand und auf Schilder am Urwaldrand, die den staunenden Einheimischen kundtun, daß der Weg nach Reutlingen genau 6999 Kilometer lang sei. Und so wie früher mit Farmern und Pflanzern, wird es künftig wahrscheinlich an allen Savannenecken und Buschenden mit Mechanikern, Landwirten, Unternehmern, Lehrern und Ärzten namens Nägele und Mammele, Mollenkopf und Hurlebaus, wimmeln, vom neuen Xhosa-Staat Transkei bis zum alten Partner Tunesien.
So gesehen bleibt für uns die beruhigende Zukunftshoffnung, daß sich Afrika nicht zu seinem Schaden einer neuen Spätzleswelle öffnet und auch unsere Nachfahren noch unbekümmert en d' Kalahari ond dr Kongo nonder könnet, um dort ihr Wüsten- und Urwaldsehnen zu befriedigen, ohne es teuer mit dem Verzicht auf ihr Liebstes, ebe die Spätzle, bezahlen zu müssen. Vielleicht könne se sogar no e Zeitlang Hottentotte und Buschleut' schnalzend und klicksend „Droben stehet die Kapelle“ ond „Preisend mit viel schönen Reden“ drzue senge höre.

Nachwort

Diese Entdeckungsgeschichte von Schwäbisch Afrika ist im Lauf mehrerer Jahre als Feierabend- und Wochenendprodukt entstanden. Wegen ihres überwiegend humorvollen Charakters bedrückt es mich sehr, daß sie nun in einer Zeit erscheint, in der unsere letzten in Afrika ansässigen Landsleute sorgenbeladen vor einer düsteren Zukunft stehen. Betroffene und nicht betroffene Leser mögen deshalb nicht übersehen, daß das heiter-ehrliche Buch allem voran ein bescheidenes kleines Denkmal für ein Stück integrer und erinnerungswerter schwäbischer Geschichte in Afrika sein möchte.

Arthur Benseler

Inhalt

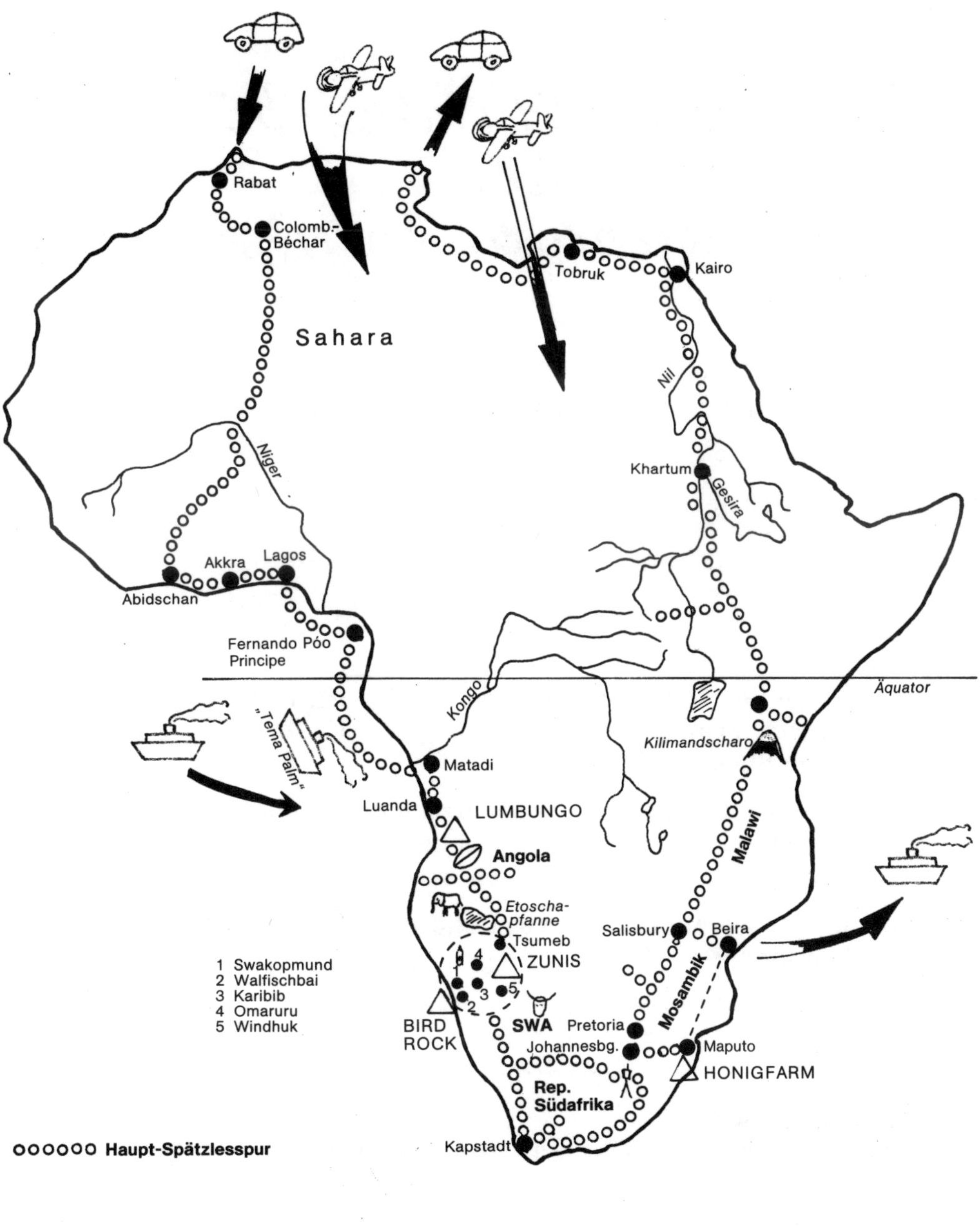
Rabat
Colomb.-Béchar
Sahara
Tobruk
Kairo
Nil
Niger
Khartum
Gesira
Abidschan
Akkra
Lagos
Fernando Póo
Principe
Äquator
Kongo
"Tema Palm"
Matadi
Luanda
LUMBUNGO
Kilimandscharo
Malawi
Angola
Etoscha-pfanne
Tsumeb
ZUNIS
Salisbury
Beira
1 Swakopmund
2 Walfischbai
3 Karibib
4 Omaruru
5 Windhuk
BIRD ROCK
SWA
Pretoria
Mosambik
Johannesbg.
Maputo
HONIGFARM
Rep. Südafrika
Kapstadt
oooooo Haupt-Spätzlesspur